The Cube

큐브

세계적인 베스트셀러 퍼즐
큐브의 역사와 해법을 꿰뚫는
최고의 해설서

Secrets
Stories
Solutions

The
cu

큐브

세계적인 베스트셀러 퍼즐
큐브의 역사와 해법을 꿰뚫는
최고의 해설서

제리 슬로컴 외 지음
김경호 외 옮김

보누스

Contents

The Cube: The Ultimate Guide to the World's Bestselling Puzzle
by Jerry Slocum

Introduction

1974년에만 해도 2008년에 내가 큐브퍼즐을 다룬 책의 서문을 쓰게 되리라고는 꿈에도 생각지 못했다. 나에게 21세기는 예측할 수 없는 너무나 먼 세상이었고 SF 소설의 배경으로나 등장할 법한 시기로 여겨졌다. 당시 나는 큐브가 아주 특별하고 흥미진진한 존재라는 점을 알고 있었으며, 그저 그 정도로 만족했다. 나는 큐브라는 발상을 발견하고 이해하는 작업에 사로잡혀 있었다. 하지만 미래에 일어날 일에는 흥미가 없었다. 내가 창안한 큐브의 본질을 파악하느라고 정신이 없었던 것이다. 그리고 나는 큐브의 본질적인 형태가 구현되도록 완벽하게 디자인하기 위해 마치 돌에서 불필요한 층을 깎아내는 조각가처럼 작업에 몰두했다.

시간이 지나면서 내가 30여 년 전에 내렸던 두 가지 결정이 옳았음이 판명되었다. 첫번째는 내용과 형태가 조화되는 물체를 창조하는 것이었다. 이는 공간, 형태, 움직이는 구조, 외형이 모두 인간의 본성은 물론 몸과 마음에 조화를 이루도록 만드는 것이었다. 이런 물체에는 더도 말고 덜도 말고 필수적인 요소만이 모두 들어 있어야 했다. 두번째는 그 결과물을 세상 사람들과 함께 나누는 것이었다. 결과적으로 두번째 목표는 첫번째 목표보다 달성하기가 훨씬 더 어려웠다. 큐브는 단 몇 달 만에 디자인을 했지만, 이를 전 세계에 보급하는 데는 6년이라는 세월이 걸렸기 때문이다.

나는 조각과 건축을 공부할 때, 항상 대예술 Grand Art (예술가의 생각과 사상을 기능성과 무관하게 예술 기법으로 표현하는 예술)와 실용예술 Applied

Art (일상의 모든 분야와 관련을 갖고, 실용성을 중시하는 예술) 사이에서 모순을 느꼈다. 내가 전공을 바꿔서 결국 디자인 학교에서 학업을 마친 이유는 바로 이 때문이다. 나는 큐브가 두 범주 사이에 존재하는 혹은 두 범주 모두를 의미하는 무언가를 만들려던 내 열망의 결과물이라고 생각한다.

8

"여느 예술 작품과 마찬가지로, 큐브는 그 자체보다 큰 의미를 가진다.
큐브를 처음 대했을 때는 아주 간단해 보이지만,
사실은 상당히 어렵고 복잡하다."

나에게 큐브퍼즐은 하나의 예술 작품이다. 큐브는 플라스틱으로 만든 정육면체 모양의 물체, 많은 색의 스티커, 퍼즐 이상의 의미를 지닌다. 그리고 단순한 눈속임 장치로 치부할 수 없는 많은 의미를 담고 있다. 여느 예술 작품과 마찬가지로, 큐브는 그 자체보다 큰 의미를 가진다. 큐브를 처음 대했을 때는 아주 간단해 보이지만, 사실은 상당히 어렵고 복잡하다. 큐브는 단일한 물체 속에 아름다운 복잡성과 여러 가지 변형된 형태를 담고 있다. 큐브는 오늘날까지도 나에게 진정한 흥미를 불러일으킨다. 그리고 그것은 이제 단지 하나의 물체로서 나만의 큐브가 아니라 다양한 큐브와 그것을 사용하는 수많은 사람들(내 추정으로는 10억 명 이상)과의 관계로서 큐브가 되었다. 나는 제리 슬로컴Jerry Slocum이 퍼즐에 대해 가진 열의와 퍼즐을 대중화시키려는 의욕을 높이 평가한다. 슬로컴은 큐브와 연관된 매우 많은 유용한 자료를 수집해내는 훌륭한 성과를 이루었다.

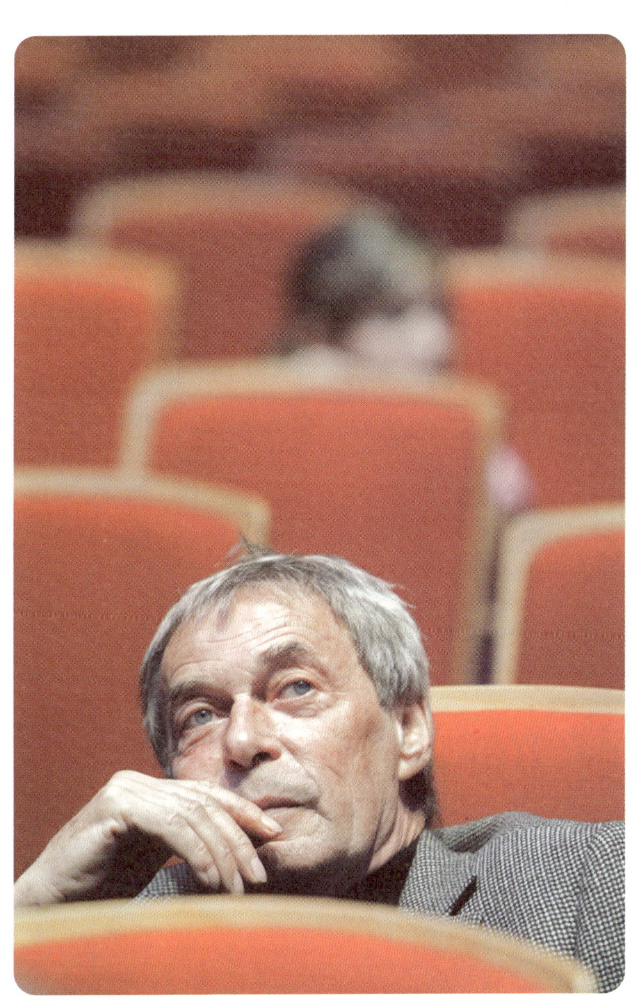

2008년 부다페스트에서
에르뇨 루빅Ernő Rubik

역자 서문

에르뇌 루빅의 위대한 발명품 큐브는 이제 단순한 장난감의 단계를 넘어섰다. 1980년대 국내 퍼즐 시장을 평정한 바 있는 큐브는 잠깐의 유행으로 끝나는 듯했으나, 2000년대 들어서 다시 불타올라 이제 진정한 전성기를 맞이하기 시작했다. 이는 이 신비의 퍼즐을 풀어내는 비법을 공유할 수 없었던 과거와 달리 인터넷이라는 정보화시대의 이기(利器)로 말미암음이다. 인터넷을 통해 전 세계의 큐버(cuber)들이 직접 찾아낸 비법들이 하나하나 모여서 몇 가지 큐브 해법으로 체계화되었으며, 이는 하나의 큰 흐름을 형성하기 시작했다. 또한 세계 큐브 동호인들은 웹에서 거대한 정보 교류 네트워크를 구성하기 시작했으며 국제큐브협회(World Cube Association)를 조직하고 각종 공식 대회를 개최함으로써 큐브의 두뇌 스포츠화를 도모했다.

이러한 흐름에 동조하여 우리나라 또한 2006년 대한큐브협회가 창설되었으며 협회와 온라인 동호회를 중심으로 각종 큐브 대회 빛 보임이 개최되고 있다. 또한 두뇌 스포츠로서 큐브의 각종 해법과 빨리 맞추는 비법 등이 체계화되어 공유되기 시작했다. 하지만 국내 큐브 동호인이 주로 접하는 대부분의 정보는 온라인 위주로만 편중되어 있어 그다지 깊지 못하다. 특히 국내 큐버들은 언어 문제 때문에 해외 큐버들과 교류가 그리 많지 않은 편이라 정보의 활용 폭도 좁을 뿐 아니라, 웹에서 공유되는 정보가 아닌 해외의 우수한 큐브 관련 도서를 통해 체계적이고 깊이 있는 지식을 습득하기가 상당히 어려운 환경에 있다.

이 책은 전 세계적인 베스트셀러로서 그동안 국내 동호인들에게 잘 알려져 있지 않은 큐브의 역사 및 다양한 큐브의 종류를 소개하며, 또한 국내에서는 거의 사용되지 않거나 알려진 바가 없는 새로운 해법을 제시한다. 이는 그동안 웹에서 소수의 국내 큐버들이 생산한 정보에만 의존하던 국내 큐브계에 신선한 바람을 불러일으킬 것으로 기대한다. 또한 이 책은 기존의 큐브 동호인뿐만 아니라 새롭게 큐브를 배우고자 하는 입문자들에게도 이 퍼즐을 체계적으로 배울 수 있는 더할 나위 없이 좋은 동반자가 되리라 확신한다. 이 책을 통해 국내 큐버들이 세계 큐브의 흐름을 읽고 더욱 깊이 있게 이해하여, 이 놀라운 퍼즐이 우리나라에서도 건전한 두뇌 스포츠로 널리 보급되는 데 조금이나마 기여할 수 있다면 번역하면서 흘렸던 땀방울은 그 기쁨에 전혀 비할 바가 못 될 것이다.

2010년 3월

대한큐브협회장 김경호

Chapter 1

큐브 이전에 유행했던 각종 퍼즐들

제리 슬로컴

상아로 만든 **칠교판**의 일곱 조각(위, 오른쪽)과 300
가지 이상의 모양이 제시되어 있는
『최신 중국 퍼즐』(아래).

1817년, 칠교판

퍼즐 열풍은 최근에 일어난 새로운 현상이 아니다.
원래 인간은 품위 있으면서도 단순하고 놀라운 물체
로 행운을 시험해보기를 좋아하며, 그런 활동에 많
은 시간과 돈을 투자한다.

최초의 국제적인 퍼즐 열풍은 중국에서 칠교판
Tangram이 발명된 19세기 초에 시작되었다. 칠교판
은 정사각형 모양의 판을 기하학적인 도형 7개로 분
리할 수 있게 되어 있다. 이와 유사한 고대 퍼즐이 그
리스 철학자 아르키메데스Archimedes가 쓴 편지에
언급되어 있는데, 이 퍼즐은 나무로 된 정사각형 판
이 기하학적인 도형 14개로 분리되고 이 조각들을
다시 배열하는 놀이였다.

칠교판 조각으로는 수천 가지에 달하는 사람,
동물, 글자, 기하학적인 모양을 만들어낼 수 있다. 일
곱 조각이 서로 겹치지 않게 하면서 모양을 만들어
내는 것은 쉬운 일이 아니다.

칠교판 열풍은 1815년 중국에서 출간된 2권짜
리 책이 그 발단이었는데, 이 책에는 300가지 이상
의 문제와 그 모양을 맞추는 방법이 나와 있었다. 이
윽고 상아와 나무에 무늬를 새겨 넣은 7개의 조각이

담긴 작은 상자들이 무역선에 실려 영국, 미국, 유럽
등으로 건너갔다. 중국 이외의 국가에서는 1817년
에 영국에서 이 최초의 칠교판 문제 모음집이 출판
되었으며, 이 책『최신 중국 퍼즐The Fashionable Chi-
nese Puzzle』덕분에 그해 말 런던에서는 칠교판이 큰
인기를 누렸다. 이 책은 유럽과 미국 전역으로 퍼져
나갔으며, 곧 유럽 도처에서 새로운 문제 모음집들
이 출간되었다.

대중들은 물론이고 많은 유명 인사들이 이 퍼
즐에 사로잡혔다. 나폴레옹 보나파르트Napoleon
Bonaparte, 루이스 캐럴Lewis Carroll, 에드거 앨런 포
Edgar Allan Poe, 마이클 패러데이Michael Faraday는 칠
교판의 열렬한 팬이었다. 독일 작가 C.L.A. 쿤체C.L.A.
Kunze는 "이 게임은 등장하자마자 독일 북부의 교양
있는 가문들이 가장 좋아하는 오락거리로 자리를 잡
았다. 함부르크의 예술품 상인들은 영국에서 수입한
이 퍼즐의 예제 작품을 판매했으며 이는 아주 우아
했다"고 평했다.

1818년 초에 이르자 프랑스, 이탈리아, 독일인
들은 아름다운 예술 작품 수준의 문제들을 직접 만
들어내기 시작했다. 특히 파리 사람들은 칠교판 문
제를 푸는 동안 세상만사를 모두 잊는 것처럼 보였
다. 1840년에 이르자 칠교판은 전 세계에서 어린이
에게 기하학 및 기타 과목을 재미있게 가르치는 학
습 도구로 사용되기 시작하였으며 학교에서도 폭넓
게 활용되었다.

프랑스 헨리 4세의 모양으로 칠교판을 맞추는 문제(오른쪽)와 칠교판이 프랑스에 끼친 영향을 보여주는 1818년 1월의 풍자만화(아래).

1880년, 15퍼즐

1880년 보스턴에서 폭발적인 인기를 얻은 15퍼즐은 곧이어 뉴욕과 샌프란시스코와 유럽으로 삽시간에 퍼져나갔다. 15퍼즐은 현재까지 여전히 인기를 누리는 장난감으로, 평면 판에 1부터 15까지 숫자가 쓰인 나무 조각들이 들어가 있고 16번 자리는 빈칸이다. 이 게임은 퍼즐 조각 15개를 상자에서 쏟아낸 다음 다시 무작위로 판에 담아서, 한 번에 하나씩 밀면서 번호순으로 배열하는 식으로 진행된다. 15번 다음에 오는 마지막 칸은 비어 있어야 한다.

이 단순한 퍼즐이 커다란 열풍을 몰고 온 이유는 무작위로 된 배열 가운데 절반은 사실 맞추는 것이 수학적으로 아예 불가능하다는 점 때문이었다. 이 퍼즐에 열광하던 사람들 가운데 대다수는 이를 알지 못했다. 사람들은 열 번 도전하면 다섯 번 정도는 15번 다음에 14번이 위치하는 식으로 두 조각의 순서가 바뀐 상태에서 다시 올바른 순서로 되돌릴 수 없었다. 따라서 한 번 퍼즐 맞추기에 성공한 사람이 다음 시도에서 다시 퍼즐을 완성할 가능성은 50퍼센트에 불과했다. 미국 전역의 각종 신문과 잡지는 15퍼즐을 다루는 기사를 내보냈으며, 퍼즐을 완성하는 사람에게 상을 내걸었다. 그리고 이렇게 격앙된 열기 때문에 이 퍼즐이 사람들을 미치게 만들며 정신병원이 더 필요하다는 주장이 제기되는 등 많은 문제가 유발되었다.

1880년 2월 23일자 『뉴욕타임스The New York Times』는 사설에서 "일부 고집 센 사람들은 밤새 15퍼즐에 매달린다고 한다. 그런데도 '맞출 수가 없는' 특정한 조합이 있기 때문에 많은 사람들이 난관에 봉착해 허우적거린다. 지금부터 한 달 안에 북미의 전 국민이 15퍼즐을 하게 될 것이며, 이 퍼즐이 바다를 건너가면 영국인들 역시 열광할 게 분명하다. 그러는 동안 노점상들은 퍼즐 판매로 이익을 얻고 있다"고 평했다. 이 사설은 놀라울 정도로 정확했다. 15퍼즐은 세상에 소개된 이후로 줄곧 상당한 인기를 얻어왔다. 그러나 오늘날의 플라스틱이나 금속 재질의 퍼즐들은 조각을 틀 안에 고정시켜 밖으로 쏟아낼 수 없게 만들어서 절대 맞출 수 없는 상황은 발생하지 않는다.

이 퍼즐이 발명된 기원을 따지자면 고대 문명에서부터 코네티컷 주 하트퍼드의 청각장애 학생이나 아이오와 주의 퇴역한 남북전쟁 장군에 이르기까지 아주 다양하다. 필라델피아의 『체스터 데일리 타임스The Chester Daily Times』에서는 "15퍼즐 게임의 발명가가 상자 안에 있는 조각의 수보다 더 많다"고 지적했다.

미국의 정치 풍자 잡지인 『퍽Puck』은 15퍼즐을 이용해 1880년 대통령 선거를 풍자했다.

15퍼즐을 상업용으로 처음 생산한 사람은 보스턴의 머사이어스 라이스였다. 그는 자신이 만든 제품에 '젬 퍼즐'이라는 이름을 붙였다. 순식간에 많은 제조 업자들이 이 퍼즐의 생산에 뛰어들었다.

15퍼즐을 발명한 노이즈 P. 채프먼

실제로 15퍼즐을 만든 발명가는 뉴욕 주 카나스토타의 우체국장인 노이즈 P. 채프먼Noyes P. Chapman이었다. 채프먼이 직접 손으로 만든 15퍼즐 중 하나가 1879년 6월 코네티컷 주 하트퍼드에 있는 미국 농아학교에 전달되었으며, 학교 측은 교내 목공 작업장에서 이 퍼즐을 만들어 하트퍼드와 보스턴 거리에서 판매하기 시작했다. 누군가 1879년에 이 학교에서 만든 퍼즐 하나를 보스턴에서 구입해 머사이어스 라이스Matthias Rice에게 주었다. 이때 마침 라이스는 자신의 목공 작업장에서 만들 제품을 찾고 있던 참이었다. 라이스는 젬 퍼즐The Gem Puzzle이라는 이름을 붙여 이 퍼즐을 생산하기 시작했다.

15퍼즐은 크게 유행하기 시작했으며 미국에서는 이 열풍이 1880년 4월까지 지속되었다. 얼마 후 미국인들은 15퍼즐에 싫증을 내기 시작했지만, 프랑스에서는 뒤늦게 열풍이 시작되었고 이는 유럽 전역으로 빠르게 퍼져 나갔다. 이로부터 거의 1세기가 지난 뒤에 헝가리인 에르뇨 루빅은 15퍼즐을 개량해서 빈칸이 없는 퍼즐을 디자인하다가 마침내 큐브퍼즐을 발명했다.

15퍼즐 열풍이 잠잠해진 뒤 10년 이상이 지난 1891년 1월, 미국의 위대한 퍼즐 발명가인 샘 로이드Sam Loyd는 각종 인터뷰와 기사와 퍼즐 기고에서 자신이 15퍼즐을 발명했다고 주장하기 시작했으며 그의 이런 행태는 20년 동안 계속되었다. 로이드는 15퍼즐뿐 아니라 능숙한 손놀림이 필요한 피그스 인 클로버Pigs in Clover와 인기 있는 보드 게임인 파치지Parcheesi까지 발명한 사람으로 인정을 받았다. 하지만 파치지는 이미 4세기부터 인도에서 하던 게임이었으며, 15퍼즐의 발명 역시 로이드와 전혀 상관이 없었다. 그러나 전 세계는 그의 거짓 주장에 넘어갔으며 2006년에 출간된 『15퍼즐 북The 15 Puzzle Book』에서 그의 속임수가 폭로되기 전까지만 해도, 다들 그가 15퍼즐을 발명했다고 믿었다.

피그스 인 클로버 퍼즐은 1889년에 유행하기 시작했다.

1889년,
피그스 인 클로버

피그스 인 클로버를 맞추려면, 손을 재빠르게 움직여서 점토 구슬 4개를 굴려 원형 미로를 지나 중앙에 있는 '우리' 안으로 넣어야 한다. 이 거대한 광풍은 발명가이자 장난감 제작자인 찰스 크랜들Charles Crandall이 1889년 2월, 이 퍼즐을 선보이면서 시작되었다. 3주 후에 『웨이벌리 프리 프레스Waverly Free Press』는 "이 장난감 공장은 피그스 인 클로버를 매일 8000개씩 생산하고 있는데도 주문이 20일이나 밀려 있는 상태"라고 보도했다. 이네즈 매클린톡Ines McClintock과 마셜 매클린톡Marshall McClintock은 장난감 역사책 『미국 장난감Toys in America』에서 피그스 인 클로버를 "대규모 메뚜기 떼처럼 미국 전역과 해외를 휩쓸어버린 베스트셀러"라고 묘사했다. 피그스 인 클로버를 판매한 회사인 셀초 앤드 라이터Selchow and Righter 측에서 "이 퍼즐의 열풍이 잠잠해질 때까지 얼마나 많이 팔릴지를 예측하기란 불가능하지만, 수요에 비해서 생산량이 100만 개나 부족할 것이다"라고 했던 말이 인용된 기사도 있다.

이로부터 2년 뒤 샘 로이드는 피그스 인 클로버를 자신이 발명했다고 주장했다. 그러나 크랜들은 1889년에 이 퍼즐로 미국에서 특허를 받았으며, 당시의 모든 신문 기사와 이후 출간된 책에는 이 퍼즐을 크랜들이 발명했다고 기술하고 있다.

지금까지 소개한 기계식 퍼즐 세 가지는 70여 년(1817년, 1880년, 1889년)이라는 단기간에 역사상 최초로 퍼즐 열풍을 불러일으켰다. 이후 전 세계가 엄청나고 놀라운 기계식 퍼즐 열풍에 다시 한 번 휩싸인 때는 이로부터 90년이라는 세월이 지난 뒤였다. 이 책의 나머지 부분은 네번째 퍼즐 열풍을 집중적으로 다룬다. 여기서는 루빅스 큐브가 발명된 일화와 이 큐브에 이어 나온 2×2×2 큐브부터 7×7×7 큐브에 이르는 모든 큐브퍼즐을 맞추는 방법을 소개한다.

『저지 매거진Judge Magazine』에 게재된 풍자만화. 백악관에 재입성하려고 노력하는 민주당원들을 피그스 인 클로버 퍼즐에 빗대어서 묘사했다.

큐브의 역사

데이비드 싱마스터

15퍼즐

초창기의
각종 발명들

에르뇨 루빅은 1974년, 큐브퍼즐*을 발명했을 때 흥미로운 퍼즐을 만들어냈다는 점이야 직감했지만, 자신이 역사적으로 가장 큰 퍼즐 열풍을 일으키는 주역이 될 것이라는 생각은 추호도 하지 못했다. 어쨌거나 작은 정육면체 조각들을 하나의 회전식 퍼즐로 결합시키는 형태를 만들어낸 루빅의 아이디어가 아주 독창적인 것은 아니었다. 이 아이디어를 최초로 고안한 사람은 래리 니콜스Larry Nichols라는 청년이었다.

오하이오 주 크세니아에서 성장한 니콜스는 게임과 퍼즐을 좋아했다. 그는 특히 장난감 가게에서 발견한 단순한 기계식 퍼즐을 아주 좋아했다. 이중 하나가 15퍼즐이었다. 당시 15퍼즐은 한 세기가 지나도록 꾸준한 인기를 누리고 있었다. 니콜스는 첫눈에 마음을 빼앗아가는 이 퍼즐의 매력을 유지하되 좀 더 대칭적이고 맞추기가 더 어려운 형태로 개선할 방법을 고민했다.

1957년의 어느 날 저녁, 니콜스는 대학 교정 근처를 거닐면서 빈 공간이 없어도 작은 퍼즐 조각을 움직일 수 있는 방법을 생각하기 시작했다. 그러던 중 퍼즐을 굳이 평면으로 된 정사각형 틀 안에만 넣어둘 이유가 없다는 생각이 갑자기 떠올랐다. 작은 정육면체 조각 여러 개를 커다란 정육면체 하나로 조립하면, 내부에 회전축 3개가 존재하면서 형태가 완전한 대칭을 이루는 멋진 퍼즐이 나올 거란 생각이었다. 이 퍼즐은 15퍼즐처럼 한 조각을 비워놓을 필요도 없었다.

니콜스는 하버드 대학원에 재학 중이던 1959년에 2×2×2 큐브퍼즐을 몇 개 만들었다. 정육면체 조각들이 서로 떨어지지 않은 상태로 움직이도록 작은 자석을 사용해서 하나로 붙여놓았다. 그가 만든 모형 퍼즐은 다루기가 조금 힘들었지만, 순식간에 친구들과 룸메이트들의 마음을 사로잡았다. 그가 바랐던 것처럼, 조각 8개를 결합시켜 하나의 정육면체로 만든 형태는 정사각형 15개가 평평한 판에 배치된 형태의 퍼즐보다 훨씬 흥미로우면서도 맞추기가 더 어려웠다. 또한 그는 귀퉁이의 큐브 조각 하나를 120도만큼 제자리에서 방향을 비틀어두면 결코 맞출 수 없는 상태가 된다는 것도 알아내었다. 그는 이 퍼즐이 어떻게 섞여도 맞출 수 있게 하는 공식들을 찾아내어 해법을 만들었으며 그의 친구들을 매료시켰다.

몇 년 뒤 니콜스는 매사추세츠 주 케임브리지에 있는 몰리큘런 리서치Moleculon Research에 근무하면서 회사의 작은 조립 공장에서 기존의 큐브를 개선했다. 이 회사 사장인 아서 오버마이어Arthur Obermayer는 니콜스의 책상에 놓인 큐브를 보고, 특허를 출원해서 상품화하자고 제안했다. 이들은 1972년 4월 11일 미국에서 특허권을 승인받았으며, 이는 에르뇨 루빅이 헝가리에서 특허권을 취득한 시기보다 약 5년 앞선다. 물론 에르뇨 루빅이 우아한 장치를 이용해서 조각을 고정시킨 큐브퍼즐로 특허를 받은 것과 달리, 니콜스는 자석 장치가 달린 2×2×2 큐브로 특허를 받았다.

니콜스와 몰리큘런 리서치는 미국에서 1967년

부터 1972년까지 아이디얼 토이Ideal Toy를 비롯한 주요 게임 및 퍼즐 제조회사와 접촉하면서 2×2×2 큐브를 상품화하자고 설득했지만 전혀 성과를 거두지 못했다. 아이디얼 토이 입장에서 볼 때 이 퍼즐에는 세 가지 큰 문제가 있었다. 첫째, 퍼즐을 맞추기가 너무 어려웠다. 둘째, 시장은 이미 다른 두 종류의 정육면체 퍼즐, 즉 소마Soma와 인스턴트 인새니티Instant Insanity로 포화 상태였다. 셋째, 자석 때문에 제조비가 너무 많이 드는데다가 맞추는 과정에서 속임수를 쓰기가 쉬웠다.

결국 2×2×2 큐브를 상품화하려던 계획은 철회되었다. 하지만 니콜스는 1978년에 아이디얼 토이가 루빅스 큐브를 시장에 내놓은 것을 알게 되었다. 몰리큘런 리서치는 아이디얼 토이에 연락해서 그들이 니콜스의 특허권을 침해했다고 주장했다. 아이디얼 토이 측이 니콜스의 특허를 인정하지 않자, 1982년 몰리큘런 리서치는 아이디얼 토이를 인수한 CBS사를 상대로 6000만 달러의 손해배상 청구 소송을 제기했다. 1984년, 미국 델라웨어 주 윌밍턴 지방법원에서 재판이 열렸다. 몰리큘런 리서치 측의 전문가 참고인인 제리 슬로컴의 기나긴 증언 끝에, 판사는 니콜스의 특허가 유효하고 아이디얼 토이가 그의 특허권을 침해했다며 몰리큘런 리서치에 유리한 판결을 내렸다. CBS는 항소했으며, 수차례에 걸친 법정 공방 끝에 1989년 4월 미국 고등법원의 판사 세 명은 CBS의 승소 판결을 내렸다.

한편 루빅이 큐브를 발명하기 전에 이와 유사한 퍼즐 2개가 특허를 받았다. 캘리포니아 주 프레즈노에 살던 수학 교사 윌리엄 O. 구스타프손William O. Gustafson은 1960년 2×2×2 매직 스피어Magic Sphere를 발명했다. 구스타프손은 내부에 홈이 난 구형 코어가 있는 구형 퍼즐을 제안했으며, 손으로 조작하며 갖고 노는 이 장난감으로 1963년에 미 연방 특허를 받았다. 소문에 따르면 그는 자신이 고안한 구형

퍼즐을 상품화하려고 했지만 80개 회사에서 모두 거절당했다고 한다.

영국 버킹엄셔의 프랭크 폭스Frank Fox는 1970년 4월 9일, '오락 장치'로 영국에서 특허를 출원했다. 폭스의 디자인은 중심은 비워두고 26개 조각이 구의 외부 표면 위에서 서로 맞물려 고정되게 하는 형태의 3×3×3 구형 퍼즐이었다. 폭스는 특허에서 26개 색상 또는 글자나 숫자를 사용할 예정이라고 했지만, 실제로는 일종의 틱택토 게임Tic-tac-toe(두 명이 번갈아가면서 3×3 판 안에 O와 ×를 써서 같은 표시를 가로나 세로나 대각선으로 연결하면 이기는 게임─옮긴이)용 판으로 사용하고자 했다.

니콜스가 발명한 2×2×2 큐브는 자석을 이용해서 조각들을 결합했다.

래리 니콜스

루빅이 초기에 만든
목재 3×3×3 큐브퍼즐(위)과
에르뇨 루빅(오른쪽).

에르뇨 루빅,
큐브를 발명하다

에르뇨 루빅은 1944년에 헝가리의 부다페스트에 있는 저명한 집안에서 태어났다. 그의 아버지인 에르뇨 루빅 경은 항공 공학자로 글라이더와 경비행기를 디자인했으며, 1963년에는 헝가리에서 가장 영예로운 상인 코슈트 상Kossuth Prize을 받았다. 루빅은 원래 조각을 전공하다가 건축으로 방향을 바꿨으며 1967년에 부다페스트 공과대학교를 졸업했다. 그는 1971년에 응용 예술–공예 대학에서 인테리어 건축 전공으로 대학원 과정을 마친 뒤 같은 대학에서 강의를 시작했다.

1974년 봄, 루빅은 3차원 디자인을 가르치던 중 놀라운 아이디어를 얻었다. 그는 학생들을 가르치다가 평범한 연습 문제 하나를 냈는데, 이는 정육면체를 각 방향에서 반으로 잘라 8개의 작은 정육면체로 된 마분지 큐브를 만들게 하는 것이었다. 이때 마분지 정육면체 옆면에 색을 칠하게 해서 큰 정육면체와 작은 정육면체 사이의 관계를 분명하게 파악할 수 있도록 했다. 루빅은 이 정육면체의 한 줄을 회전시키면 작은 정육면체들이 재배열되지만, 옆면의 색상 배열이 바뀌면서 큰 정육면체가 새로운 모습을 띤다는 사실을 깨닫게 되었다. 그리고 바로 이 발상을 기반으로 큐브퍼즐이 탄생되었다.

가장 어려운 문제는 큐브의 각 층을 회전시킬 수 있는 장치를 디자인하는 것이었다. 이 작업은 퍼즐 자체를 만드는 것보다 훨씬 어려운 것이었다. 하지만 루빅은 대략 6주 만에 깜짝 놀랄 정도로 단순하면서도 품격 높은 장치를 고안해냈다.

루빅은 큐브퍼즐을 발명하면서 디자인의 기본 원칙을 적용했다. 그는 각각의 조각들을 최대한 단순하면서도 간결하게 만들려고 마음먹었으며, 다뉴브 강의 조약돌 모양에서 아이디어를 얻었다고 말한 바 있다. 루빅은 "형태는 기능을 따른다"(미국 건축가 루이스 설리번Louis Sullivan이 한 말로, 의도한 기능이나 목적을 바탕으로 건물이나 사물의 모양을 정해야 한다는 의미–옮긴이)는 원칙을 믿었다. 그리고 그는 큐브를 결합시키는 장력을 제공하는 스프링이 장착된 나사를 특히 만족스러워했다.

루빅은 일단 작동 가능한 큐브퍼즐을 만들고 나자, 이를 실제로 맞추는 방법은 한 달 만에 찾아냈다. 그는 이 과정에서 어떤 것도 기록하지 않았다고 한다. 그 모든 것을 머릿속에서 해냈던 것이다. 그는 1977년 12월 31일 헝가리에서 특허를 받았으며, 폴리테크니카Politechnika에서 그의 큐브퍼즐을 제조하기로 합의하고 바로 생산에 들어갔다. 나머지 이야기는 흔히 말하듯이 역사가 되었다.

당시 루빅은 부다페스트의 외곽 언덕에 그가 직접 지은 집에서 살았다. 그 집은 그의 부모가 사는 집 바로 위에 자리 잡고 있었다. 1980년 초반에 루빅은 영어 실력을 향상시키기 위해 런던에 왔고, 이때

헝가리에서 생산된 오리지널 큐브퍼즐의 패키지.
루빅의 사인이 들어 있다.

로지컬 게임스Logical Games에서 생산된 매직 큐브의 패키지.

나는 그를 처음 만났다. 나는 1981년 말, 다음과 같이 그를 묘사하는 글을 썼다. "루빅은 처음에는 말수가 적었지만, 대화가 3차원에 관한 이야기로 접어들자 편하게 이야기를 시작했다. 그의 이야기와 태도는 진지하고 열정적이었으며, 종종 더 많은 질문과 생각으로 이어지게끔 만드는 답변을 했다. 그는 내가 만나자마자 바로 천재라고 생각한 몇 안 되는 사람 중 하나였다."

큐브의 확산

큐브퍼즐은 처음에 매직 큐브The Magic Cube라 불렸다. 헝가리어로는 뷰뵈스 코츠카Büvös Kocka이고 독일어로는 자우버 뷔르펠Zauber Würfel이다. 발명가의 이름은 몇 달이 지난 다음에야 알려졌고, 일부 언론에서는 발명가가 사망했다고 보도한 적도 있었다. 폴리테크니카사는 1977년 초, 처음으로 큐브퍼즐 5000개를 생산했다. 이 회사는 그해 가을에 크리스마스 판매를 위한 광고를 시작하기로 했으나 누군가 창고를 확인했을 때에는 이미 모든 큐브가 품절된 상태였다.

큐브는 1978년 부다페스트 국제 박람회에서 상을 받았고, 이를 계기로 해외에서 주문이 들어오기 시작했다. 생산량은 점점 늘어났고 유럽 전역에서 화물 트럭이 헝가리까지 와 큐브를 잔뜩 실어서 돌아갔다. 1979년에 루빅은 헝가리 교육문화부 상을 수상했다. 또한 큐브는 1981년에 영국, 프랑스, 독일에서 '올해의 장난감' 상을 수상했다. 또한 영국에서는 1982년에 다시 올해의 장난감으로 선정되면서, 2년 연속으로 수상한 유일한 제품이 되었다. 1990년에 루빅은 헝가리 공학 대학의 총장으로 선출되었다.

나는 1978년 여름에 헬싱키에서 열린 국제 수학자 학회에서 처음으로 이 큐브퍼즐을 접했다. 이때 나는 몇몇 사람들이 헝가리에서 건너온 정육면체 모양의 새로운 퍼즐을 가지고 있다는 말을 들었다. 특히 존 콘웨이John Conway(당시 케임브리지 대학에 재직 중이었으며 현재 프린스턴 대학에 재직)와 로저 펜로즈Roger Penrose(현재는 작위를 받아서 로저 경이 되었으며 옥스퍼드 대학에 재직)는 샘플을 가지고 있었다. 펜로즈는 뒷면에 큐브 공식을 잔뜩 써둔 봉투들을 호주머니에 넣고 다녔으며, 콘웨이는 어떤 공식도 보지 않고 단 4분 안에 큐브퍼즐을 맞출 수 있었다. 내가 처음 갖게 된 큐브퍼즐은 타마스 바르가Tamás Varga에게서 받은 것이었다. 헝가리의 저명한 수학 교육자인 바르가는 큐브가 가득 든 가방을 학회에 가지고 왔다. 나는 밤새도록 큐브를 가지고 놀았으며 다른 사람들도 그러는 것을 보고 큐브가 범상치 않은 물건임을 직감했다.

학회가 끝나고 집에 돌아와 큐브를 아내에게 보여주자 아내는 대번에 그것이 자신의 적수가 될 것이라는 점을 알아챘다.

나는 큐브를 영국으로 수입할 수 있느냐고 헝가리 영사관에 문의하는 한편, 헝가리인 몇 명에게 연락을 해서 큐브를 부탁했다. 그들은 친절하게도 큐브를 6개에서 12개씩 포장한 작은 소포를 나에게 보내주었다. 소포가 도착하자 학과의 동료들은 상자 주변을 어슬렁거리면서 내가 큐브를 하나씩 주기로 약속했었다는 점을 자꾸 상기시켰다.

1978년 12월에 한 헝가리인 수입상이 큐브를 '대량'으로 입고해 왔다는 편지를 내게 보냈다. 나는 그에게 전화를 해서 60개를 주문했다. 이 큐브들은 내가 학과 주변을 걷던 단 몇 분 만에 모두 팔렸다. 나는 다시 수입상에게 전화를 해서 주문량을 100개로 늘렸다. 그 주가 끝나갈 무렵 나는 200개를 더 주문했으며, 이후 주문 숫자가 계속 늘어났다. 그 수입상은 큐브 5000개를 갖고 있었고 애초에는 1년 동안 팔기에 충분한 수량이라고 생각했었다. 그러나 나 혼자서 단 3개월 만에 모두 팔아치웠다.

큐브가 합리적인 수준의 저렴한 가격으로 공급되기 전까지만 해도 사람들은 이 장치를 아주 조심스럽게 다뤘다. 아무도 감히 큐브를 분해할 엄두를 내지 못했으며, 그 탓에 이 기계 장치의 작동 원리는 비밀에 싸여 있었다. 내가 아는 사람 중에서 배짱 있게 큐브를 분해한 최초의 인물은 내 이웃이었다. 그는 중앙 조각에서 스티커를 떼어내면 뚜껑이 나온다는 사실을 알아냈다. 작은 드라이버나 칼로 조금만 들어 올리면 뚜껑이 열리면서 스프링이 장착된 나사가 안에 숨어 있는 것이 보였다. 이 나사는 쉽게 풀 수 있었고, 큐브 선제가 여러 조각으로 완전 해체되었다. 큐브를 분해하는 더 쉬운 방법이 있다. 한 면을 45도 돌린 다음에 그 면의 모서리 조각 하나를 들어 올리면 된다.

일단 모서리 조각 하나를 빼내면, 나머지 부분은 간단하게 분해가 되면서 이 장치의 우아한 단순함을 고스란히 보여준다. 각 면의 중앙 조각은 나사로 중심축에 붙어 있다. 모서리 조각은 중앙 조각 아래에서 회전하며, 귀퉁이 조각은 모서리 조각 아래에서 회전한다. 큐브가 원활하게 돌아가게 하려면 장

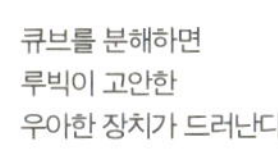

큐브를 분해하면 루빅이 고안한 우아한 장치가 드러난다.

치에 약간의 유연성이 필요한데 스프링이 장착된 나사가 바로 이런 역할을 하면서 마찰에 의한 손상 문제도 해결한다.

큐브를 분해한 다음에는, 맞출 수 있는 상태가 되도록 재조립해야 한다는 점을 명심하자. 색깔을 무시하고 무작위로 조각을 끼워 넣은 큐브가 다시 맞출 수 있는 상태가 될 가능성은 12분의 1에 불과하다. 동료의 집이나 사무실에 몰래 들어가 큐브를 분해한 다음 다시 맞출 수 없는 상태로 조립해놓아서 주인을 화나게 한 사람들이 있다는 말을 여러 차례 들은 적이 있다. 물론 스티커를 벗긴 다음에 다시 재배열해서 붙이는 방법도 있긴 하다.

큐브 맞추기

나는 헬싱키에서 런던으로 돌아와 큐브를 '맞추는'(무작위로 섞인 상태에서 처음의 상태로 되돌리기) 데 점점 관심을 갖게 되었다. 나는 며칠씩 잠을 이루지 못하고 뜬눈으로 밤을 지새웠고, 집에 돌아온 지 약 2주 후에는 마침내 주어진 일련의 모서리 위치에 4개의 모서리 조각을 모두 옮길 수 있게 되었으며 그 후에 나머지 해법은 쉽게 찾아낼 수 있었다. 그리 훌륭한 해법은 아니었으나 어쨌거나 맞출 수는 있었다.

3×3×3 큐브퍼즐을 섞을 수 있는 경우의 수는 43,252,003,274,489,856,000가지다(이는 4325경이 넘는다. 곱셈을 해서 20자리 수 전체를 알아낸 사람은 아마 내가 최초일 것이다). 큐브의 각 면에 색깔이 아니라 그림이 그려져 있다면(이렇게 나오는 큐브도 있다), 다시 여기에 2048을 곱해야 모든 경우의 수가 나온다.

전 세계에서 가장 뛰어난 집합론 학자 중 한 명인 존 콘웨이는 큐브가 이른바 보존(혹은 동질성) 법칙을 따른다고 말했다. 이는 일부 조각들만의 이동은 아예 불가능하다는 의미이다. 특정하게 섞인 상태에서 처음 시작할 때 큐브의 원래 상태로 되돌리는 가장 짧은 경로를 '신의 공식God's Algorithm'*이라고 정의한 사람은 당시 케임브리지 대학에 재직했던 존 콘웨이 혹은 같은 대학의 동료 교수였다.

나는 해법을 토론하던 모든 사람이 각자의 표기법을 사용한다는 점에 주목했다. 이런 표기법은 통상적으로 x, y, z를 바탕으로 했으며, 일반적으로 해법을 명료하게 설명하지 못했다. 대체로 기본적인 회전 방향이 어느 쪽인지 분명하지 않았고, 특히 큐브 뒷면에서 이런 모호함이 두드러졌다. 이 때문에 나는 나만의 방식을 고안하게 되었다. 나는 x, y, z라는 명칭을 사용하지 않으면서도 기본적으로는 수학의 특성이 들어간 표기법을 사용해서 자필로 직접 만든 표기 방식 자료를 30부 정도 복사했다(현재 나는 그 자료를 갖고 있지 않다. 혹시 갖고 있는 사람이 있다면 부디 내게 한 부 복사해주면 좋겠다). 콘웨이 역시 자체 표기법을 가지고 있었지만, 약간 유별난 방식이었으며 기본적으로 자신의 큐브 색을 바탕으로 했다. 당시에는 큐브의 색상이나 배치가 표준화되어 있지 않아서 큐브마다 달랐다. 한 이웃은 내게 재미난 이야기를 들려줬다. 자신의 아들이 친구와 전화 통화를 하면서 큐브 맞추는 방법을 설명하는 광경이었다. "이제 빨간색 면을 돌려. 아, 그 면이 네 큐브에서는 파란색이다. 그런 다음에 초록색 면을 돌려. 네 큐브에서는 그 면이 노란색이야."

나는 표기법에 색상을 사용하면 안 되며 누구나 방향을 알 수 있도록 단순화해야 한다고 생각했다. 그 결과 앞Front, 뒤Back, 왼쪽Left, 오른쪽Right, 위Up, 아래Down의 방향을 표기하는 아이디어가 떠올랐다. 당시 나는 꼭대기Top와 바닥Bottom이라는 명칭을 사용하고 싶었지만, 약자로 할 때 Bottom과 Back이 헷갈릴 소지가 있기 때문에 위·아래라는 명칭을 쓰기로 했다. 이 표기법 덕분에 큐브의 각 면과 조각들에 간단하게 이름을 붙이고 각 면의 움직임을 지칭할 수 있게 되었다. 나는 글자를 사용해서 각 회전을 표준화했다. 예를 들어서, 뒷면을 (뒷면에서 볼 때) 시계 방향으로 회전할 때 B라는 글자로 이를 표기했다.

나는 이 표기법으로 큐브 해법 초안을 작성했

으며, 1979년 2월에 책으로 만들어냈다. 제목은『매직 큐브 노트Notes on the 'Magic Cube'』였다. '루빅스 큐브 노트'라고 하지 않은 이유는 루빅스 큐브라는 명칭이 1980년대에야 사용되었기 때문이었다. 이 표기법은 다른 모든 표기법을 대신해서 빠른 속도로 전파되었으며 이어서 큐브에 관한 연구가 확산되는 계기가 되었다. 이는 내가 한 모든 연구 중에서 계속 명맥을 이어갈 가능성이 가장 높은 결과물이다. 내가 감당하지 못할 정도의 속도로 많은 자료와 아이디어가 쇄도했고, 마침내『매직 큐브 노트』는 1980년 8월에 분량이 75쪽으로 늘어난 증보판이 발행되었다. 최종판에는 4쪽짜리「루빅의 '매직 큐브'를 맞추는 단계별 해법」이 삽입되었으며, 이 최종판은 5만 권 이상 팔렸다. 그러고 나서 나는『큐브 회보Cubic Circular』를 발간하기 시작했으며, 이는 1981년부터 1985년까지 총 8호가 나왔다. 현재 인터넷에서 이 회보를 볼 수 있다.

『옵저버The Observer』지의 여성 편집자인 수잔 로리Suzanne Lowry는 내게 큐브에 관한 글을 청탁했다. 이 글은 1979년 6월 17일자에 '6면의 마법'이라는 제목으로 게재되었으며, 헝가리 이외의 나라에서 큐브를 다룬 첫 기사였을 것이다. 또한 나는 1979년『매스매티컬 인텔리젠서The Mathematical Intelligencer』지에「헝가리 매직 큐브」라는 논문을 게재했으며, 이 논문은 큐브 및 큐브와 관련된 수학에 대한 기본 정보를 수학계에 확산시키는 데 기여했다.

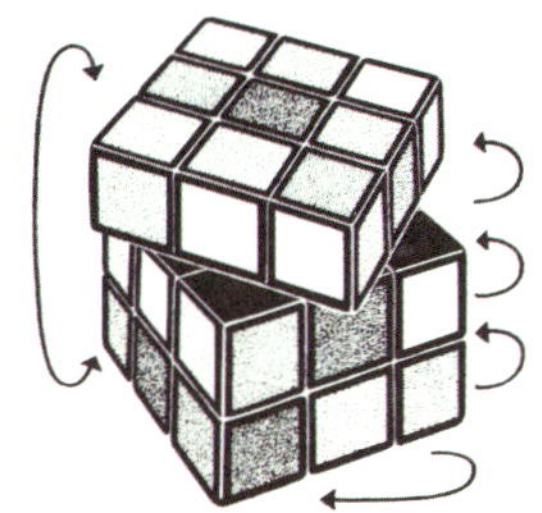

데이비드 싱마스터의『매직 큐브 노트』, 1979년

전 세계적 큐브 열풍

독일의 대규모 컴퓨터 제조회사에서 일하던 헝가리 출신의 사업가 티보르 락치Tibor Laczi는 1978년, 차를 몰고 부다페스트로 출장을 가던 중 한 카페에서 큐브퍼즐을 '발견'했다. 그 카페의 웨이터는 이 퍼즐을 가지고 있었지만 맞추는 방법을 몰랐다. 락치는 큐브퍼즐의 잠재성을 즉시 알아보고 웨이터에게서 이를 1달러에 구입했다.

락치는 루빅을 만나본 후, 1979년 2월 뉘른베르크 완구 박람회에 큐브를 출품했다. 독일의 완구 배급사를 찾기 위해서였다. 그는 마침 박람회에서 완구 발명가인 톰 크레머Tom Kremer를 만났다. 크레머는 런던에 본사를 둔 세븐 타운스Seven Towns를 운영하는 헝가리인이었다. 크레머는 큐브에 반했으며 락치를 도와 헝가리에서 큐브가 거둔 성공을 세계무대에서 일으키기로 합의했다.

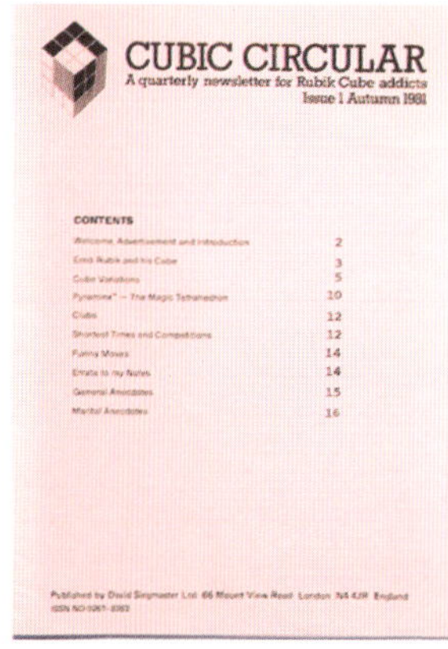

『큐브 회보』, 1981년

큐브에 얽힌 미신

큐브의 인기가 확산되면서, 큐브에는 신비로운 기운이 감돈다는 소문도 함께 퍼져갔다. 한 이야기에 따르면 큐브가 존 콘웨이의 지도를 받던 대학원생 한 명의 넥타이(혹은 수염)를 잡아서 서서히 퍼즐 속으로 끌고 들어갔다고 한다. 콘웨이의 다른 학생들은 그가 큐브에 처음 끌려 들어갔던 때와 똑같은 모양으로 색깔 배열을 맞춰놓으면 그가 다시 나타날 것이라고 생각했다. 그러나 아무도 당시 큐브가 어떤 모양으로 배열되어 있었는지를 기억하지 못했고, 소문에 의하면 그 이후 실종된 대학원생을 본 사람은 아무도 없었다고 한다. 독일에서 나온 큐브 광고에 쓰인 "큐브를 손에 쥐지 마라. 절대 벗어날 수 없을 것이다"라는 광고 문구가 맞는 말이었나 보다.

락치는 헝가리로 돌아가서 유력한 헝가리 관료들과 접촉을 하며 기반을 다졌고, 크레머는 세계의 완구 제조회사들을 순회하는 원정에 나섰다. 유감스럽게도 크레머는 곧 난관에 부딪혔다. 대형 완구 제조업체들이 두 사람의 열정을 받아들여주지 않았던 것이다. 완구 제조업체들은 큐브에 감명받긴 했으나 상업적인 장래성을 낮게 평가하는 분위기였다. 그들이 보기에 큐브에는 '결점'이 너무 많았다. 일단 제조하기가 너무 어렵고 비용이 많이 들었다. 그리고 큐브의 매력을 텔레비전에서 보여주기가 불가능했으며 너무 추상적이고 어려웠다. 심지어 너무 조용했다. 큐브는 어린이나 일반 대중을 위한 퍼즐이 아니라 맞추는 비법을 알고 있는 전문가들만이 도전하는 것으로 여겨졌다.

크레머는 수많은 회사에서 거절을 당한 끝에, 아이디얼 토이의 마케팅 부사장 스튜어트 심스Stewart Sims를 설득해 헝가리에 가서 사람들이 큐브퍼즐을 즐기는 광경을 직접 보게 만들었다. 때는 1979년 9월이었고 헝가리의 거리와 전차와 카페에서 큐브를 쉽게 발견할 수 있었다. 공산주의 헝가리와 자본주의 미국 간에 며칠 동안 협상이 진행되었고 크레머와 락치가 두 국가 사이에서 맹렬하게 중재를 펼쳤다. 그리고 마침내 아이디얼 토이는 큐브 100만 개를 구입하고 '매직 큐브'에 대한 독점권을 갖기로 협상을 맺었다.

이에 따라 1979년 말 아이디얼 토이는 큐브의 배급권을 양도받았으며, 전하는 바에 따르면 콘수멕스Konsumex사에 100만 달러를 선불로 건네줬다. 하지만 아이디얼 토이는 제품명에서 '매직'이라는 부분을 탐탁지 않게 여겼다. 그 이름이 악령을 연상시킨다고 생각했기 때문에 새로운 이름을 짓고 싶어했다. 새 이름으로 고르디우스의 매듭Gordian Knot(알렉산드로스 대왕이 잘랐다고 전해지는 전설 속의 매듭. 풀기 어려운 문제를 의미하는 말로 쓰임–옮긴이)과 잉카의 황금Inca Gold이 물망에 올랐지만, 심스는 두 이름 모두 마음에 들어하지 않았다. 게다가 이 이름들로는 상표권을 따기도 어려워 보였다. 며칠 뒤에 심스의 머리에 '루빅스 큐브'라는 아이디어가 떠올랐다. 이 이름은 어감이 좋았으며 법으로 상표권을 보호받을 수 있었다. 루빅은 헝가리에서만 큐브의 특허권을 취득했던 터라, 법적 보호 여부는 중요한 사항이었다. 내가 알기로 당시만 해도 발명가의 이름을 붙인 장난감은 없었다. 1981년에 『옥스퍼드 영어 사전』과 브록하우스 『사전Lexicon』에 '루빅스 큐브'라는 이름이 실렸다. 또한 영국 세관은 '루빅스 큐브'라는 분류 항목을 새로 만들어 넣기도 했다.

헝가리의 폴리테크니카사는 큐브퍼즐의 이름을 폴리토이스Politoys로 변경했으며 이 제품을 개선했다. 이렇게 해서 새로이 출시된 퍼즐은 더 가볍고 외부 마감 처리가 깔끔했으며 회전감이 훨씬 우수했다. 한편 아이디얼 토이는 헝가리 출신 여배우 자자 가보르Zsa Zsa Gabor가 1980년 5월 5일 할리우드에서 개최한 한 파티에서 미국 내 큐브 홍보를 시작했다.

아이디얼 토이는 큐브의 멋진 외양을 부각시키려고 투명한 플라스틱 기둥에 제품을 넣어 포장했다. 영국에서 판매된 소매가격(약 6~7파운드)은 나를 비롯한 영국의 다른 판매자들이 과거에 판매했던 가격보다 약 두 배가 높았다. 그럼에도 아이디얼 토이는 1980년에 큐브를 450만 개가량 판매했으며,

1981년에는 미국 내 판매량이 약 1000만 개에 달할 것으로 예상했다. 내 짐작으로는 아이디얼 토이가 그해 가을까지 큐브를 약 2000만 개 판매했을 것 같다. 대만에서는 이보다 약 세 배나 많이 팔렸다는 언론 보도도 있었다. 단 1시간 만에 큐브 800개를 팔아치운 독일 뮌헨의 상점이나 1시간 만에 2000개를 팔아치운 영국 울버햄프턴의 상점이 언론의 보도에 오르내리기도 했다. 시장의 상인들은 토요일이면 큐브 1000개 쯤은 수월하게 판매할 수 있었다.

큐브는 헝가리에 외화를 가장 많이 벌어다주는 일등공신이었다. 1981년에는 루빅이 헝가리에서 가장 부자라는 신문 기사들이 나왔다.

나는 1979년 2월, 처음으로 엑서터 대학에서 큐브를 주제로 강의를 했으며, 그 후 몇 년 동안 9개국에서 약 70여 차례나 강의를 했다. 나는 1979년 12월 뉴욕에 가서 마틴 가드너Martin Gardner에게 큐브를 선물했고, 이를 계기로 1981년 3월 큐브를 다룬 더글러스 호프스태터Douglas Hofstadter의 글이 『사이언티픽 아메리칸Scientific American』 표지 기사로 실렸다.

큐브 동호회와 회보

1980년, MIT에서 큐브 러버스Cube-lovers라는 온라인 게시판이 열렸다. 이 게시판은 1996년에 문을 닫았으며, 인터넷상에서 가장 오랫동안 운영된 게시판 중 하나로 기록되었다. 1981년 가을, 내가 파악한 큐브 동호회는 전 세계에서 8개였으며, 이외에도 많은 동호회가 있었을 것이다. 그때 이후로 다른 많은 동호회가 생겼고 현재는 대부분 없어졌다.

그중에서 안네케 트레프Anneke Treep와 유스트 반 로섬Just van Rossum이 설립한 큐브 동호회만이 현재까지 왕성하게 활동하고 있다. 이 동호회는 네덜란드어로 된 회보를 발간하며 1981년부터 활동을 시작했고, 이후 네덜란드 큐브 클럽Nederlandse Kubus Club으로 발전했다. 이 동호회가 연 4회 발행하는 회보 『재미로 보는 큐비즘Cubism for Fun』은 수년 동안 영어판이 출간되었으며, 거의 30년이 흐른 지금까지도 강한 영향력을 갖고 있다. 현재 이 회보는 일반적인 퍼즐 소식을 주로 다루며, 퍼즐 애호가들의 연례 모임인 '큐브의 날'을 개최한다.

큐브 도전기

내 동료인 폴 테일러Paul Taylor는 1980년 부활절 주일에 영국 사우스 다운스에서 산책을 하던 중 한 술집에서 큐브를 발견했다. 그 술집은 큐브를 맞추는 사람에게 위스키 한 병을 상품으로 내걸고 있었다. 오랜 시간이 걸렸지만 내 동료는 마침내 큐브를 다 맞췄다. 그러나 술집 주인은 그가 속임수를 썼다면서 상품을 주지 않았다.

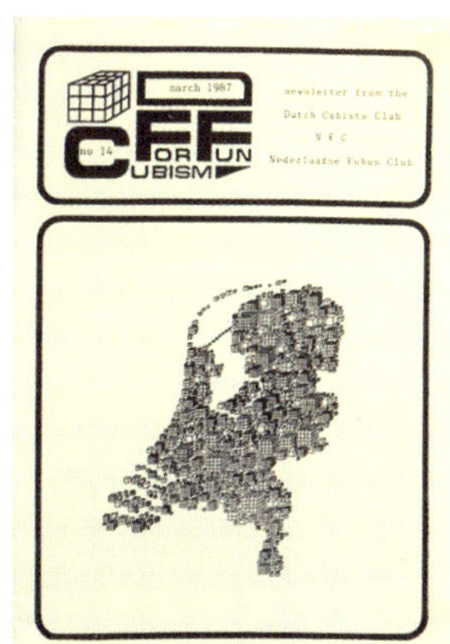

1981년 5월, 뉴욕 인근에 기반을 둔 『루빅스 큐브 회보Rubik's Cube Newsletter』지가 창간되었다. 4호까지 출간되었다(왼쪽).

『루빅스–논리와 상상의 차원Rubik's-Logic and Fantasy Dimensions』은 1982년에 창간되었다. 8호까지 나왔다(가운데).

『재미로 보는 큐비즘』 14호, 1987년 5월(오른쪽).

최고 기록

큐브 1개를 맞추는 데 걸린 시간만으로 실력을 측정하는 것은 좋은 방식이 아니지만, 어쨌거나 이를 기록하는 것이 흥미로운 일인 것만은 분명하다. 초창기에 알려진 최고 기록들을 소개한다.

- 1978년 여름에 존 콘웨이는 큐브를 4분 안에 맞출 수 있었다. 우리가 아는 한 당시에 공식을 보지 않고 그보다 빨리 맞출 수 있는 사람은 없었다.
- 최초의 큐브 대회는 1980년 초 케이트 프라이드Kate Fried가 부다페스트에서 주최한 대회일 것이다. 그 당시 보고된 기록들은 55, 40, 46, 36초였다.
- 내가 쓴 『매직 큐브 노트』에서는 당시 알려진 최고 기록이 니콜라스 해먼드Nicholas Hammond가 세운 36초인 것으로 기록되어 있다. 그는 1981년 1월 24일에 BBC 텔레비전 방송에 출연해서 37초 만에 큐브를 맞췄다. 1981년 말, 해먼드는 다시 27초로 기록을 경신했다. 당시 그는 17세였다.
- 독일 함부르크에 살던 16세의 로날트 브링크만Ronald Brinkmann이 텔레비전 방송에 출연해서 29초 만에 큐브를 맞췄으며, 이후에 24초로 기록을 단축했다. 큐브를 잘 맞추기 위한 조언을 해달라는 부탁에 브링크만은 "돌리고, 돌리고, 돌리세요"라고 말했다고 한다.
- 프랑스 파리에서는 25세의 제롬 장 샤를Jérôme Jean-Charles이 효율적인 해법을 연구해서 평균 36초 만에 큐브를 맞췄으며, 이후에는 32초대로 단축시켰고 최고 기록은 21초였다. 그는 1분에 큐브를 180회전까지 할 수 있었고, 37초 만에 맞출 때는 120회전을 할 수 있었다.
- 리버풀에서는 16세의 마이클 머스커Michael Musker가 20초 만에 큐브를 맞췄으며, 보는 사람이 없을 때는 14초의 기록을 세운 적도 있다고 했다.
- 호주에서 21세의 제프 해리스Geoff Harris가 큐브를 7초 만에 맞춘 적이 있다고 주장했다.

이 시점에 이르자 맞추기 전의 큐브가 정말 무작위로 섞인 상태였는지 여부를 결정하는 문제가 중요해졌다(심지어 나는 큐브가 아주 쉽게 섞인 몇몇 상태에서는 1~2회전 만에 큐브를 맞출 수 있으며 이는 단 몇 초밖에 안 걸린다). 큐브를 5~6회전만 해도 무작위로 섞인 상태를 만들 수는 있겠지만, 이 중 일부는 다른 배열에 비해서 맞추기가 더 쉬운 상태가 되며, 기록 차이는 어떤 공식을 사용해 맞추느냐에 달려 있다. 따라서 큐브를 단 한 번 맞춘 시간으로 기록을 측정하는 방식은 불합리하다. 누구든 큐브를 여러 차례 맞추어야 하며, 시작할 때 큐브가 섞인 상태는 다른 사람과 동일해야 한다. 물론 그렇다 하더라도 다른 운동 경기와 마찬가지로 행운이 어느 정도 작용하긴 한다.

1981년에 열린 영국선수권대회

큐브 대회

1981년에는 많은 대회가 열렸으며, 아이디얼 토이는 각국별로 지역 대회 입상자들이 참가할 수 있는 전국선수권대회와 세계선수권대회를 개최하기 시작했다. 영국선수권대회의 결승전은 1981년 12월에 런던에서 열렸다. 참가자들은 컴퓨터를 이용해서 무작위로 뒤섞어놓은 새 큐브를 상자에서 뽑게 되어 있었다. 이 결승전에서는 노리치 출신인 15세의 줄리안 칠버스Julian Chilvers가 우승을 차지했다. 그는 3차 시기에서 25.79초로 세계 기록을 수립했으며, 2차 시기에서 세계 두번째 기록인 28.36초를 냈다. 그는 일반적인 자동차용 그리스를 윤활유로 사용했다고 했다. 들리는 말에 따르면 그는 바셀린을 윤활유로 쓰는 것을 싫어했으며, 이는 큐브에서 '열이 나면' 바셀린이 새어나오기 때문이었다. 한편 한 참가자는 손

목에 밴드를 찼으나, 주로 상대방을 겁주려는 의도였다고 고백했다. 최고령 참가자는 아일랜드 선수권대회의 우승자였던 20세의 니얼 퍼거슨Nial Ferguson이었다. 그는 손의 체온을 유지하려고 경기 중간 중간에 장갑을 끼곤 했다. 아래는 그 외의 각종 놀라운 기록들이다.

- 제롬 장 샤를은 프랑스선수권대회에서 25.6초로 우승을 했다.
- 뉴잉글랜드 지역에서는 고작 9세였던 조너선 체이어Jonathan Cheyer가 48.31초로 우승했다.
- 영국 워릭 대학 수학과 2학년인 19세의 존 화이트John White는 큐브를 10분 동안 살펴본 뒤에 등 뒤에서 맞출 수 있었다.
- 독일의 『라이너 자이츠Rainer Seitz』지는 한 소년이 큐브 2개를 각각 한 손에 들고 동시에 맞출 수 있다고 보도했다.
- 말 데이비스Mal Davies는 영국 월솔의 퀸 메리 그래머 스쿨에 다니는 리처드 호드슨Richard Hodson이 한 손으로 89초 만에 큐브를 맞출 수 있다고 보도했다.

1981년 11월 13일, TV 프로그램 〈댓츠 인크레더블That's incredible〉은 미국선수권대회를 촬영해서 12월 7일에 방송했다. 이 대회에서는 16세 학생 민 타이Minh Thai가 26.04초로 우승을 차지했다. 1위 상금은 2000달러와 세계선수권대회 참가 경비였다. 2위는 28.96초 만에 큐브를 맞춘 제프리 바라사노Jeffrey Varassano가 차지했다. 제프리는 동부 지역 대회에서 24.67초로 미국 기록을 수립했다.

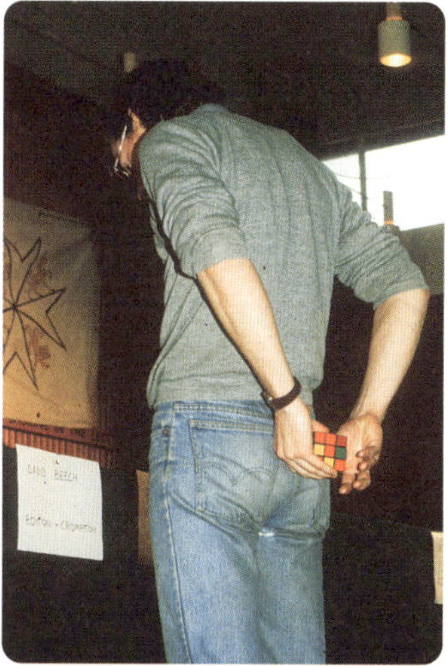

등 뒤로 큐브를 맞추는 존 화이트(위).
리처드 호드슨이 한 손으로 큐브를 맞추는 모습(아래).

제1회 세계큐브선수권대회Rubik's Cube World
Championship는 1982년 6월 5일에 부다페스트에서
열렸으며, 폴리토이스 · 콘수멕스 · 아이디얼 토이사
가 후원을 했다. 모두 19개국에서 14~26세의 선수
들이 참가했다. 대회 진행은 영국 아이디얼 토이의
홍보 담당사에 의해 이루어졌기 때문에 기본 진행 방
식이 영국 대회와 동일했다. 이 대회에서 루빅은 특

제1회 세계큐브선수권대회
참가자들

별 제작된 큐브들 가운데 대회에서 사용할 제품을 직
접 골랐으며 참가자들은 미리 연습할 큐브를 받았다.
모든 큐브는 흰색과 노란색, 빨간색과 오렌지색, 파
란색과 초록색이 각각 서로 맞은편에 위치해 있었으
며, 한 귀퉁이를 중심으로 보면 파란색과 오렌지색
과 노란색 조각이 시계방향으로 배치되어 있는 표준
색 배치로 되어 있었다(이 색상 배치는 현재에도 대
부분의 국가에서 채택하는 표준 색 배치로, 대한큐

브협회 또한 이 색상 배치를 따르고 있다–옮긴이).

루빅은 큐브로 비슷한 난이도의 몇 가지 상황
을 만들어내기 위해 수학자들과 함께 연구했다. 그
리고 이렇게 만들어진 여러 상황별로 섞은 큐브 4개
를 한 세트씩 총 4세트를 각기 다른 가방에 넣어서
봉인해두었다. 가방들은 밤새 은행에 보관되었다가
대회 당일 감독변호사가 대회장으로 가져왔으며, 그
중 하나는 열어서 대회장 입구에 전시해두었다. 대
회 참가자들은 자신보다 앞서 경기하는 선수가 큐브
를 맞추는 과정을 볼 수 없도록 무대 뒤에서 대기해
야 했다. 각 참가자는 무대에 올라가면서 무작위로
큐브를 하나 선택하게 되어 있었으며, 세 번 맞출 기
회를 준 후 가장 좋은 기록이 공식 기록으로 인정되
었다. 네번째 큐브는 다른 큐브가 파손될 경우에 사
용되었다.

참가자들은 차례가 돌아오면 15초 동안 큐브를
손에 들고 섞인 상태를 살펴볼 수 있었다. 그러고 나
면 큐브를 광전자판 위에 내려놓아야 했다. 이어서
경기 시간이 시작되면 그 큐브를 다시 집어 들고 모
양을 완성시킨 다음 내려놓게 되어 있었다.

민 타이가 22.95초의 최고 기록으로 이 대회에
서 우승을 차지했다. 당시 그는 16세였고 3년 전에
베트남에서 미국 로스앤젤레스로 이민을 와서 영어
를 할 줄 몰랐다. 타이는 큐브를 산 지 7일 만에 2분
이내로 큐브를 맞출 수 있었다.

세계큐브선수권대회의 트로피는 귀퉁이 조각
하나가 금, 은, 동으로 도금된 지구 모양으로 되어 있
는 큐브였다(이는 대회 로고이기도 했다).

이 대회가 끝날 때 아이디얼 토이는 대회 참가
자들에게 좀 더 큰 신제품 큐브인 4×4×4 루빅스 리

벤지 Rubik's Revenge의 샘플을 나눠주었다. 많은 사람
들이 부다페스트를 떠나는 비행기에서 그 큐브를 맞
추려고 골몰했으며, 나는 민 타이보다 먼저 그 큐브
를 다 맞춘 터라 기분이 좋았다. 나는 이것이 내 기술
보다는 운 덕분이었다는 사실을 나중에야 깨달았다.
4×4×4 큐브에는 3×3×3 큐브에서는 나타나지 않
는 특수한 상황들이 나올 수 있는데, 마침 내가 그 큐
브를 맞출 때는 그런 특수 상황이 나타나지 않았던
것이다.

2003년에 큐브가 인기를 되찾기 시작하자, 댄
고스비 Dan Gosbee는 제2회 세계큐브선수권대회를
토론토에서 개최했다. 이후로 2×2×2, 3×3×3,
4×4×4, 5×5×5 및 기타 루빅 제품을 포함해서 일
반적인 큐브퍼즐 전 종류를 종목으로 하는 큐브 대
회가 많이 개최되었다. 현재 국제큐브협회 World Cube
Association가 이러한 대회들을 주관하고 있다. 최근
큐브에 대한 관심이 다시 일면서 2003년부터 2006
년 사이에 국제큐브협회 공인 대회가 무려 72개나
개최되었다. 각 대회에서는 가장 좋은 '평균 기록'으
로 순위를 결정한다. 큐브를 맞출 기회는 모두 5회
주어지며, 그중 가장 좋은 기록과 나쁜 기록을 제외
한 중간 기록 3회의 평균을 '평균 기록'으로 삼는다.
기록은 특별 제작된 전용 타이머로 측정한다. 또한 5
회의 시도 중 가장 좋은 기록을 '최고 기록'으로 기록
한다. 캐나다의 소프트웨어 공학자인 댄 나이츠 Dan
Knights는 2003년 3×3×3 큐브 부문에서 평균 20초
로 우승을 차지했다.

2010년 3월 현재, '최고 기록' 부문에서의 세계
기록은 에릭 아케즈딕 Erik Akkersdijk이 2008 체코오
픈대회에서 수립한 7.08초이다. 그리고 '평균 기록'

부문에서의 세계 기록은 2008년 5월 4일 열린 일본
가시와오픈대회에서 나카지마 유 Nakajima Yu가 수립
한 11.28초이다. 한편 4×4×4 큐브에서는 41.16초,
5×5×5 큐브에서는 1분16.21초, 2×2×2 큐브에
서는 0.96초가 세계 기록이다.

헝가리에서 발행된 세계큐브선수권대회 기념우표

큐브와 관련된 재미있는 사실

- 미국 코네티컷에서 열린 미식축구 경기에서 선수 하나가 갑자기 사라지는 바람에 경기가 지연된 적이 있다. 한참 후에야 발견된 그는 탈의실에서 큐브를 맞추고 있었다.

- 내 동료인 로버트 콜Robert Cole이 기차 대합실에서 큐브를 맞추다가 객실로 들어가자 이를 구경하던 다른 승객 두 명이 그를 뒤따라갔다. 15분이 지난 뒤 두 승객 중 한 명은 자신이 기차를 잘못 탔다는 사실을 깨달았다.

- 1981년 1월 24일, 루빅이 BBC TV의 토요일 아침 어린이 프로그램인 〈스왑 숍Swap-Shop〉에 니콜라스 해먼드와 함께 출연하면서 영국인들은 큐브에 열광하기 시작했다. 해먼드는 방송에서 큐브를 37초 만에 맞추었다. 그러자 경쟁사인 ITV의 프로그램이었던 〈티스워스Tiswas〉에서는 '큐브 근절Stamp Out Cubes' 캠페인을 벌였다.

- 시각 장애인용으로 다양한 큐브가 만들어졌다.

시각 장애인용 큐브들

- 큐브퍼즐은 일상적인 단어가 되었다. 이 단어는 수많은 만화에서는 물론이고 정치·교육·경제 분야에서도 풍자를 위해 사용되었다.

1. 독일의 펠릭스 무실Felix Mussil은 1981년 『프랑크푸르터 룬트샤우Frankfurter Rundschau』에 최초로 큐브를 이용한 정치 만평을 그렸다. 이 만평에는 '베를린, 실직'이라는 문구가 붙은 큐브를 보고 멍한 표정을 짓는 헬무트 슈미트Helmut Schmidt 총리가 나온다.

2. 1981년 7월에 니콜라스 갈런드Nicholas Garland는 윌리 화이트로Willie Whitelaw와 대처Maggie Thatcher 수상이 '민족 분쟁'이라고 씌어진 큐브를 들고 고뇌하는 모습을 담은 풍자만화를 영국 『데일리 텔레그래프The Daily Telegraph』에 게재했다.

3. 1981년 『펀치Punch』의 풍자만화에는 '러시아 큐브', 즉 낙하산으로 투하되는 거대한 큐브가 등장했다. "장담컨대 큐브퍼즐 가운데 하나인 이 게임은 단 몇 분 만에 어떠한 적이라도 아주 혼란스럽게 만들 것입니다."

『데일리 텔레그래프』에 실린 니콜라스 갈런드의 풍자만화(위).
1981년 『펀치Punch』에 게재된 풍자만화(아래).
잡지 『스턴Stern』의 표지에 실린 슈미트 총리(오른쪽).

- 한 남성은 그동안 자신이 수학자라는 사실을 숨기고 살아왔지만, 큐브 덕분에 자신의 직업을 떳떳하게 밝힐 수 있게 되었다고 말했다. 과거에는 사람들에게 자신이 수학자라고 말하면 마치 사회 부적응자라도 되는 것처럼 대했지만, 이제는 그에게 큐브 맞추는 방법을 물어본다는 것이다.

- 솔로몬 골롬Solomon Golomb은 큐브의 귀퉁이 조각들과 쿼크quark (소립자 복합 모델에서의 기본 구성자–옮긴이) 사이에 유사성이 있음을 밝혀냈다. 그는 이 유사성을 완전한 큐브 우주론으로 확장시켰다.

- 뉴욕 현대미술관의 디자인관에는 큐브퍼즐이 전시되어 있다.

- 큐브는 음악의 소재가 되기도 했다.

1. 1981년 〈미스터 루빅Mr. Rubik〉이라는 노래가 배런 나이츠Barron Knights의 LP 음반 〈트위스팅 더 나이츠 어웨이Twisting the Knights Away〉에 실렸다.

2. 1982년 헝가리인 부부, 비 무즈티Bea Muszty와 안드라스 도베이András Dobay는 싱글 앨범 〈트릭 인 더 미들Trick in the Middle〉을 작곡했다.

3. 정보이론의 창시자이자 디지털회로 설계이론의 초석을 마련한 클로드 섀넌Claude Shannon은 큐브를 소재로 〈어 루브릭 온 루빅 큐빅스A Rubric on Rubik Cubics〉(큐브퍼즐의 지침서라는 뜻–옮긴이)라는 독특한 노래를 작곡했다. 그가 이후에 만든 버전은 내가 발간했던 『큐브 회보』와 그의 『작품 모음집Collected Works』에 실렸다.

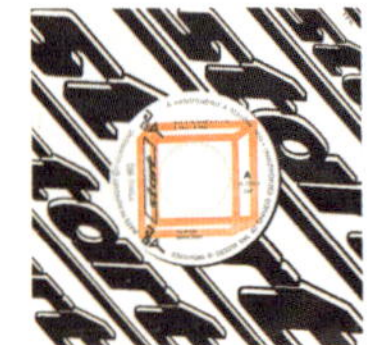

배런 나이츠의 〈미스터 루빅〉(왼쪽).
비 무즈티와 안드라스 도베이의 〈트릭 인 더 미들〉(오른쪽).

큐브를 다룬 책

1981년, 루빅은 몇몇 동료들과 『매직 큐브A Büvös Kocka』라는 책을 썼다. 나는 이 책에 「큐브퍼즐의 매력」이라는 서문을 써주었으며, 이후 그 책의 영어 번역판 편집을 맡았다. 이 번역판은 1987년에 『큐브퍼즐의 개요Rubik's Cubic Compendium』라는 제목으로 출간되었으며, 내가 옥스퍼드 대학 출판부의 의뢰를 받아 편집한 '수학 시리즈'에 포함되었다.

루빅은 이 책에서 큐브퍼즐만의 각종 특징들을 분석했다. 그가 분석한 특징은 여러 조각들이 한 덩어리의 상태를 유지하며, 한 번에 한 조각 이상 움직일 수 있고, 각 조각마다 고유의 위치는 물론 방향성도 있다는 점이었다.

이후로 이러한 특징을 가진 다른 퍼즐들이 많이 등장했지만, 큐브퍼즐은 여전히 독보적인 위치를 차지하고 있다. 이는 이러한 종류의 퍼즐들을 일반적으로 '큐브퍼즐'과 '유사 퍼즐'로 구분해 부르는 것에서 분명하게 드러난다.

큐브퍼즐 및 이를 맞추는 방법을 다룬 책은 많이 출간되었다. 조르주 엘름Georges Helm이 정리한 관련 서적 목록을 바탕으로 세어보면 큐브가 크게 유행한 1979년부터 1983년 사이에 각 연도마다 출간된 책의 수는 14권(1979년), 52권(1980년), 174권(1981년), 70권(1982년), 15권(1983년)이었다.

큐브퍼즐 해법서들은 1981년 7월 12일부터 40주 연속으로 『뉴욕 타임스The New York Times』 선정 베스트셀러 반열에 올랐다. 그중에서도 세 권이 단연 최고의 순위에 올랐는데, 이는 제임스 G. 노스James G. Nourse의 『큐브퍼즐의 간단한 해법The Simple Solution to Rubik's Cube』, 호주의 돈 테일러Don Taylor의 『큐브퍼즐 마스터하기Mastering Rubik's Cube』, 13세 소년 패트릭 보저트Patrick Bossert가 쓴 『당신은 큐브를 맞출 수 있다You Can Do the Cube』였다. 노스의 책은 1982년 1월 24일에 베스트셀러 1위에 올랐고, 그의 두번째 책 역시 6위에 올랐다. 보저트와 테일러의 책은 각각 베스트셀러 1위와 2위를 차지했다. 또 외스트루프Østrup의 책과 테일러와 릴랜즈Taylor & Rylands의 책이 각각 9위와 12위에 올랐다. 책 판매량을 바탕으로 산출된 이 순위는 큐브퍼즐의 열풍이 어느 정도였는지를 잘 말해준다. 당시 노스의 책은 34주 동안, 테일러의 책은 38주 동안 베스트셀러에 올랐다. 보저트의 책은 100만 부 이상(300만 부 정도로 추정) 판매되었으며, 노스의 책은 600만 부 이상 판매되었다.

큐브의 부작용

초창기의 큐브는 너무 뻑뻑했다. 따라서 사용자들은 왼손으로 큐브를 꽉 움켜쥐어야만 했고, 그 결과 왼쪽 엄지손가락 인대에 무리가 갈 수밖에 없었다. 이는 '큐비스트의 엄지손가락Cubist's Thumb'이라고 불리는 염증을 유발했다. 50세 이상의 경우, 인대 막의 윤활 작용이 저하되면 염증 부위를 수술해야 하는 경우도 생길 정도였다. '큐비스트의 엄지손가락'은 언뜻 보면 1981년 『뉴인글랜드 야하히지New England Journal of Medicine』에 보고된 '디스코 손가락Disco Digit' 증세와 비슷했다.

나는 이전에 책을 집필하면서 큐브 맞추는 과정을 계속 시험해보다가 '루빅의 손목Rubik's Wrist'(내가 붙인 이름이다) 병에 걸린 적이 있다. 이는 손목을 과다하게 사용해서 생기는 반복성 긴장 장애라고 할 수 있다.

긍정적인 면도 있다. 토론토에 사는 에릭 피스테러Eric Pfisterer는 테니스로 생긴 팔꿈치 통증이 큐

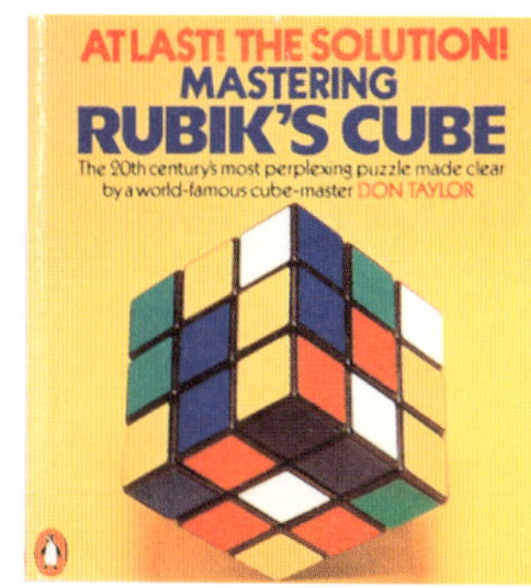

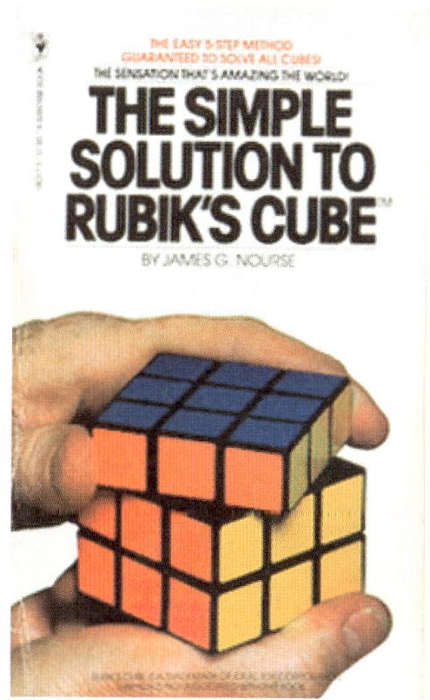

돈 테일러의 책은 1980년대에 가장 인기를 끈 큐브 도서 중 하나였다(위).

패트릭 보저트는 불과 열세 살 때 베스트셀러를 저술했다(가운데).

노스의 책은 600만 부 이상 판매되었다(아래).

"큐브는 사람을 미치게 한다"라는 문구가 인쇄된 큐브 티셔츠.

브 덕분에 완화되었다고 알려왔다. 나의 테니스 친구들은 피스테러가 큐브를 하느라고 오랫동안 테니스를 안 쳐서 팔꿈치 통증이 완화되었을 것이라고 생각했다. 그러나 그는 큐브를 맞추는 손동작이 팔꿈치 통증을 치료할 때 사용하는 표준적인 치료법이라고 답했다.

배스 고등학교에서는 안전하지 않다는 이유로 교내에서 큐브 맞추는 것을 금지했다. 교장 도리스 채프먼Doris Chapman은 학생들이 "큐브를 하느라고 정신이 팔려서 서로 부딪히고 물건에 걸려서 넘어진다"고 말했다. 또 런던의 완즈워스 교도소에서는 내부에 대마초를 숨긴 큐브가 적발된 이후 큐브를 금지했다.

나는 십대 백혈병 환자 병동에서 근무하는 한 의사를 만난 적이 있는데, 그는 환자들의 기분 전환 거리가 절실히 필요하다고 말했다. 다행히 큐브는 그가 접해본 최고의 오락거리였다.

한 어머니는 『데일리 익스프레스Daily Express』지에 기고한 글에서 심각한 장애가 있던 열네 살짜리 딸이 큐브 맞추는 방법을 익혔다고 설명했다. 이 여성은 기뻐서 어쩔 줄 몰라했으며, 나머지 가족들 또한 놀라움을 금치 못했다.

1873년 헨리 어니스트 듀드니Henry Ernest Dudeney는 15퍼즐의 대유행에 대해 쓰면서 "두말할 필요 없이 미국식의 과장된 표현이긴 하지만, 미국에서만 약 1500명에 달하는 심신미약자들이 15퍼즐 때문에 정신병에 걸렸다는 주장이 나왔다"고 거론한 바 있다. 내 사업 파트너인 제인 낸키벨Jane Nankivell은 셔츠에 "큐브는 사람을 미치게 한다Rubick's Cube Cures Sanity"라는 슬로건을 인쇄하자고 제안했다. 다행히도 실제로 큐브 때문에 정신이 나갔다는 사례는 아직 보고된 바 없다.

큐브 관련 재판

1981년, 아이디얼 토이와 폴리토이스는 대만의 모조품 큐브를 상대로 법적인 조치를 취하기 시작했다. 첫 소송은 영국에서 시작되었다. 영국에서 처음으로 재판까지 간 사건은 아이디얼 토이가 런던에 거점을 둔 댈러스 프린트 트랜스퍼스와 댈러스 마케팅의 '원더풀 퍼즐러Wonderful Puzzler'를 상대로 제기한 소송이었다. 혐의는 저작권 위반과 모조품 판매 두 가지였다. '모조품 판매'란 소비자를 속이고 원제품과 유사한 모조품을 판매한다는 의미다. 당시 재판부는 저작권을 위반했다는 판결을 내렸다.

하지만 아이디얼 토이는 댈러스의 제품이 루빅스 큐브와 크기와 색은 물론 플라스틱 케이스 포장까지 모두 똑같았음에도 모조품 판매와 관련해서는 승소하지 못했다. 재판부는 1980년 이전의 판매량과 브랜드 이미지 홍보가 부족했던 점을 근거로 들며, 아이디얼 토이가 상품의 브랜드 이미지가 구축되었음을 입증하지 못했다고 판결을 내렸다. 어쨌거나 이 소송 때문에 댈러스의 전 사업체가 파산을 했다.

이 사건 이후 아이디얼 토이는 해적판 큐브를 파는 모든 장난감 상점을 공격하기 시작했다. 거의 모든 상점이 해적판 큐브를 다시는 팔지 않겠다고 동의하는 '화해 이서 법원 명령'에 서명해야 했다. 아이디얼 토이의 고문변호사는 틸베리(런던의 컨테이너항)의 뒷골목에서 감시를 하다가 한밤중에 해적판 큐브가 담긴 컨테이너를 수차례 압류했던 일화를 이야기했다.

한편 아이디얼 토이는 미국에서도 법원의 금지 명령들을 행사하면서 해적판 큐브의 수입을 차단하려고 노력했다. 해적판 큐브의 주요 수입상은 아이디얼 토이의 하청 공장에서 퍼즐을 구입했다고 주장했지만 이를 끝내 입증하지 못했다.

세븐 타운스의 주장에 따르면, 루빅스 큐브는 현재 전 세계에서 60개 이상의 등록상표로 보호를 받고 있다. 그리고 큐브퍼즐 자체는 물론 텔레비전과 영화와 광고에서 사용되는 이 퍼즐의 이미지까지도 보호 대상이라고 주장한다(이들의 권리가 '전 세계적'이라는 주장과 달리 대한민국 특허청에서는 세븐 타운스가 신청한 큐브의 특허 등록을 거절했다. 도리어 4×4×4 이상의 대형 큐브나 각종 특수 큐브의 특허권은 세븐 타운스가 아닌 다른 회사들이 갖고 있으며 국내에서 세븐 타운스가 보호받는 권리는 '루빅스 큐브'의 상표권뿐이다. 실제로 세븐 타운스가 주장하는 '전 세계'는 미국, 캐나다, 유럽연합 정도가 전부이다–옮긴이). 세관원들은 정기적으로 해적판 큐브를 압류해서 폐기 처분한다. 2007년에만 전 세계에서 해적판 큐브 50만 개 이상이 폐기되었다.

큐브의 쇠퇴와 부활

큐브에 대한 반발

모든 유행이 그렇듯이, 큐브에 대한 관심도 사그라졌다. 여기에는 몇 가지 요인이 있다. 1981년 초에 수요가 공급을 훨씬 넘어서자 큐브 품귀 현상이 일어났다. 아이디얼 토이가 책정한 큐브 가격이 높았던지라, 주로 대만·홍콩·한국을 비롯한 동북아시아 지역에서 모조품이 나왔다. 이들 나라에서는 큐브에 대한 저작권과 특허권의 효력이 거의 없는 상태였다.

1981년에 큐브 대품귀 현상이 일어났을 때, 나는 큐브 중고품 시장에서 큐브 하나가 15파운드에 거래된다는 말을 들었다. 해적판 큐브가 시장에 쏟아져 들어오기 시작했고, 아이디얼 토이의 도매가보다 싼 가격으로 거리에서 팔려나갔다. 모조품은 아이디얼 토이의 큐브보다 뻑뻑하고 내구성이 떨어졌지만, 해적판 큐브 판매량은 아이디얼 토이보다 약 3배 이상이나 많았을 것으로 보인다. 해적판 큐브가 아이디얼 토이의 도매가보다도 싼 가격에 판매되었기 때문에 많은 대형 상점들이 아이디얼 토이의 큐브 및 기타 퍼즐의 판매나 입고를 중단하였고, 그 결과 퍼즐 시장이 크게 위축되었다(동북아시아의 상품들에 대해 '모조품'이나 '해적판'이라고 번역한 것은 다만 원문에 충실하기 위함이다. 실제로 동북아시아 지역에서 많은 큐브들이 생산되고 있지만 독특한 설계로 이미 '모조품' 단계를 완전히 벗어난 창조적 큐브들이 많다. 이 가운데 상당수는 상표권과 특허권까지 출원하여 법적으로 권리를 보호받고 있다. 유

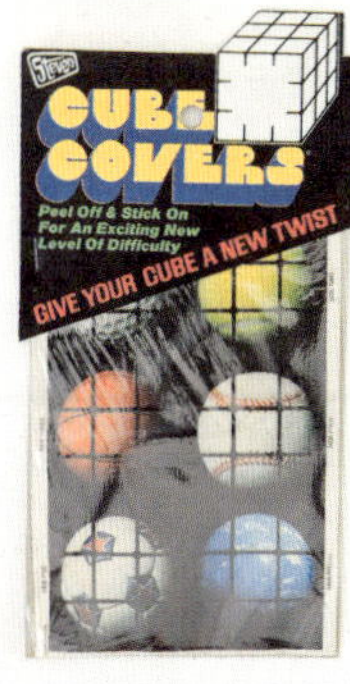

큐브를 맞추지 못해서 화가 난 사람들은 큐브를 다 맞춘 것처럼 보이도록 스티커를 붙였다.

큐브를 비웃는 익살스러운 큐브와
관련 도서가 1982년에 등장하기 시작했다.

왼쪽부터:
녹아내리는 큐브는 1980년대에
인기 있던 특이한 상품이었다.

순 황동 큐브.

얼티미트 큐브Ultimate Cube.

올 옐로 큐브(최근에 이 제품은 Fool Cube,
즉 바보 큐브라고도 불린다–옮긴이).

큐브 스매셔.

아이리시 큐브.

"머그 게임mug's game(바보짓이라는 뜻의 속어)이다"
라고 씌어진 머그컵.

큐브에 반발하는 조류에 동참한 책들

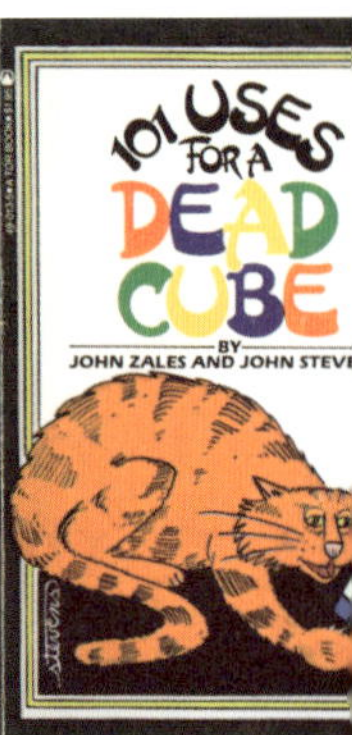

럽이나 북미 쪽 시각에서는 이런 큐브를 '모조품'이
나 '해적판'이라고 주장할지 모르지만, 이 상품들은
분명 합법적으로 생산된 것들이다. 그리고 이 때문
에 퍼즐 시장이 위축되었다는 주장 또한 동의하기 힘
들다. 지금도 동북아시아에서는 엄청나게 많은 큐브
가 생산되어 해외로 수출되지만 그 때문에 유럽이나
미국의 퍼즐 시장이 위축되지는 않았다–옮긴이).

1982년에 이르자 큐브퍼즐에 대한 반발이 시
작되었다. 큐브를 다 맞춘 것처럼 속일 수 있는 스티
커가 등장했으며, 한 가지 색만으로 된 독특한 큐브
가 시장에 나왔다. 모든 면이 초록색인 아이리시 큐

브Irish Cube와 모든 면이 빨간색인 애기 퍼즐Aggie
Puzzle(텍사스 A&M 대학과 관련이 있는 것으로 짐
작된다)을 비롯해서 다양한 종류의 색이 등장했다.
심지어 순 황동으로 만든 큐브까지 있었다.

뒤이어 큐브를 비웃는 머그컵과 조각상을 비롯
해 여러 독특한 상품들이 나왔다. 한창 인기를 끈 한
상품은 약간 녹아내린 모양의 큐브였다. 이 큐브는
커다란 황동 나사가 박힌 채로 "망쳐버리다SCREW
IT(screw는 '나사를 죄다'와 '실수하다'의 이중적인
의미를 가지고 있음–옮긴이)"라는 문장이 씌어진 나
무판 위에 고정되어 있었다. 또한 작은 채 표면에 큐

브 모양의 상표 하나만 붙은 큐브 스매셔The Cube Smasher(큐브를 부수는 도구이다—옮긴이)도 출시되었다.

큐브 사용자와 이전 큐브 서적을 비웃는 익살스러운 책들도 많이 등장했다. 이런 분위기 속에서 여러 잡지와 동호회가 자취를 감추거나 활동을 중지했으며, 오직 네덜란드 큐브 동호회만이 남아서 활동을 계속했다.

큐브의 부활

전 세계에서 팔린 큐브의 숫자는 알려져 있지 않다. 세븐 타운스사의 관계자를 비롯해서 다양한 사람들이 큐브가 전 세계적으로 3억 개 이상 판매되었을 것으로 추측했다.

큐브퍼즐 열풍은 1983년 말에 끝났다. 하지만 오늘날 큐브는 제2의 생명을 얻은 듯하다. 최근 몇 년 동안 큐브는 장난감 가게와 서점, 인터넷상에서 갑자기 활기를 띠고 있다. 각종 해법을 찾기가 더욱 쉬워졌을 뿐 아니라 스피드 큐빙 동호회와 단체들의 성장, 큐브 배급업자들의 마케팅 덕분에 큐브는 또다시 필수 구매 퍼즐이 되었다.

한 보고에 따르면 한때 정품 루빅스 큐브를 구입하기가 어려웠던 러시아, 인도, 동북아시아 지역 등에서 최근 몇 년간 이 제품의 판매량이 크게 늘었다고 한다. 또한 전 세계에서 열리는 수많은 스피드 큐빙 대회, 신제품 6×6×6 V-큐브와 7×7×7 V-큐브, 놀랍고 새로운 수제 회전식 퍼즐들의 지속적인 등장에서 회전식 퍼즐의 부활을 짐작할 수 있다. 수제 퍼즐 가운데 매우 창조적인 제품 몇 종은 특허권을 갖고 생산되고 있다.

훌륭한 퍼즐은 보통 큰 인기를 누리다가 점차 쇠퇴기를 겪게 되지만, 그럼에도 다시 영원한 애호품으로 되돌아오기 마련이다. 1904년, 당시 유명한 퍼즐 개발자였던 헨리 듀드니는 15퍼즐이 "앤 여왕처럼 완전히 생명을 잃었다"고 말했다. 그러나 오늘날에도 수십 개 버전의 15퍼즐이 시장에 나와 있다. 1980년대에 나는 큐브퍼즐이 앞으로 미래 세대에 새로이 나올 모든 퍼즐의 표준 가운데 하나가 될 것이라고 말했다. 그리고 그 말은 현실이 되어가는 듯하다.

3×3×3 큐브의 영향을 받은 각종 퍼즐

헤이르트 헬링스

헝가리의 루빅스 큐브 패키지

다양한
큐브퍼즐

3×3×3 큐브의 변형

오리지널 루빅스 큐브가 출시된 직후부터 다양한 종류의 큐브퍼즐 변형판이 생산되었다. 처음에는 대만 회사들이 주로 변형판을 생산했으며, 이후에 일본과 러시아의 회사들도 이 시장에 뛰어들었다. 새로운 형태로는 옥타고널 배럴Octagonal Barrel (옥타고널 프리즘Octagonal Prism이라고도 부른다—옮긴이), 볼Ball, 트렁케이티드 큐브Truncated Cube (팔각형 면이 6개이고 삼각형 면이 8개인 일명 컵 8면체), 큐복타헤드런Cuboctahedron (삼각형 면이 8개이고 정사각형 면이 6개), 밀리언 스페이스 셔틀Million Space Shuttle (쿠션Cushion이나 필로우Pillow라고도 부른다), 러시안 미싱 엣지 큐브Russian Missing Edges Cube, 다이아몬드 퍼즐Diamond Puzzle, 롬빅 도데카헤드런Rhombic Dodecahedron이 있다. 실제로 루빅이 처음에 나무로 만든 견본도 사실은 정육면체가 아니라 모서리가 잘린 정육면체, 즉 트렁케이티드 큐브였다.

옥타고널 배럴

볼

트렁케이티드 큐브

큐복타헤드런

밀리언 스페이스 셔틀

러시안 미싱 엣지 큐브

다이아몬드 퍼즐

롬빅 도데카헤드런

옥타헤드런

옥타헤드런

트래버스 옥타헤드런

크리스토프스 매직 주얼

러시안 매직 주얼

3×3×3 큐브를 변형한 또 다른 버전인 옥타헤드런Octahedron은 정삼각형 8개로 이루어진 팔면체 모양이며, 이중 네 삼각형의 꼭짓점이 서로 만난다. 이 퍼즐은 복잡해 보이지만, 사실 오리지널 큐브와 비슷한 3×3×3 구조로 되어 있다. 끝에 붙어 있는 회전식 꼭지를 무시하고 생각하면, 옥타헤드런은 3개의 층에서만 조각들을 회전시키거나 위치를 옮길 수 있다. 이 버전의 다른 종류인 트래버스 옥타헤드런Trajber's Octahedron은 대만에서 생산되었다. 한편 크리스토프스 매직 주얼Christoph's Magic Jewel과 러시아 펜자 지방의 관광 기념품인 러시안 매직 주얼Russian Magic Jewel은 옥타헤드런 퍼즐에서 꼭지를 자른 버전이다.

2×2×2 큐브의 변형

3×3×3 큐브가 큰 인기를 누리게 되자, 1983년 에르뇨 루빅은 2×2×2 포켓 큐브로 특허권을 받았다. 이외에 대만 회사 이스트신Eastsheen을 비롯한 몇몇 회사가 다른 2×2×2 구조로 특허를 받아서 제품 생산을 했다. 2×2×2 큐브는 섞을 수 있는 경우의 수가 367만 4160가지에 불과하고 이론상 최대 11회전만으로 맞출 수 있지만, 사실은 놀라울 정도로 맞추기 어려운 퍼즐이다.

2×2×2 큐브의 변형 중 하나로 2×2×2 볼이 있다. 몇몇 회사가 다양한 크기와 색상으로 이런 종류의 제품을 생산했다. 2000년, 살레 코더리Saleh Khoudary는 K-볼K-Ball로 특허를 받았고, 스위스 완구업체인 내프Naef는 로타Rota라는 이름으로 몇 가지 색상의 원통형 제품을 생산했다. 2×2×2 큐브의 귀퉁이를 자르면 팔면체가 되지만, 각 면마다 한 가지 색을 칠하면 맞추는 것이 무의미한 퍼즐이 되기 때문에, 각 면의 꼭지 쪽에 색이 있는 둥근 점을 배치했다. 이렇게 해서 나온 제품의 이름은 오키Okki나 폴카 다이아몬드Polka-Diamond 또는 젬Gem이라고 불렸고, 동독의 VEB 슈필바렌VEB Spielwaren에서 이를 생산했다.

왼쪽부터:
포켓 큐브
K-볼
로타
오키

오키 퍼즐은 삼각형 면의 꼭짓점이 맞닿은 사면체 모양으로 되어 있다. 이때 사면체에는 4개의 삼각형 면이 생기고, 이중 세 삼각형의 꼭짓점이 맞닿아 있다. 이런 종류의 퍼즐을 예로 들자면 우베 메퍼트Uwe Meffert가 발명한 피라몰픽스Pyramorphix와 독일에서 제작된 피구렌마치Figurenmatch가 있다. 이 모양의 퍼즐에 작은 사면체 4개를 더 붙이면 스타 퍼즐Star Puzzle이 된다. 이 퍼즐은 이스트 저먼 하우스East German House 퍼즐과 함께 동독에서 생산되었다. 이스트 저먼 하우스 퍼즐은 2×2×2 큐브의 모서리를 잘라내어 만든 형태이다.

2×2×2 큐브퍼즐 내부의 기계적인 구조는 다른 큐브에 비해 상대적으로 단순하기 때문에, 흥미로우면서도 시장성이 높은 모양으로 만들 수 있다. 소비자의 취향에 맞게 만들어진 이런 퍼즐들은 50종이 넘는다. 이중 많은 퍼즐들은 매우 단기간 동안만 판매되었다. 일부는 패스트푸드 식당에서 판촉용 경품으로 사용되었고, 어떤 퍼즐은 시리얼 상자 안에 들어가기도 했다.

2×2×2 퍼즐과 3×3×3 퍼즐의 구조는 지구본 모양의 퍼즐을 생산하는 데에도 사용되었다. 2×2×2 퍼즐을 특이하게 변형한 경우는 한국의 다인Dyne사에서 만든 코리안 코스모스Korean Cosmos이다. 이 퍼즐은 조각들의 교차 지점에 독자적으로 회전 가능한 원형 조각이 덧붙어 있다.

2008년에 생산되었던 스페인의 마루센코Marusenko는 이와 비슷하지만 크기가 더 큰 원형 구조이다. 이 퍼즐의 발명가는 펠릭스-압돈 페레즈 카베자Félix-Abdon Pérez Cabeza와 알렉산드르 마루센코Aleksandr Marusenko이다.

피라몰픽스

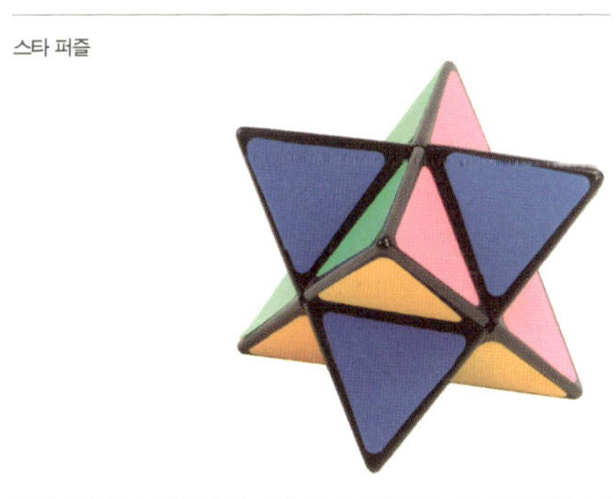

스타 퍼즐

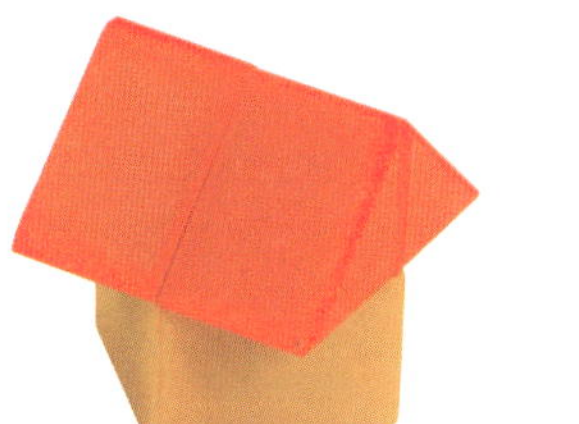

이스트 저먼 하우스

마루센코

루빅스 월드

코리안 코스모스

글로브

에르뇨 루빅은 매직 도미노Magic Domino라는 2×3×3 퍼즐을 만들었으며, 이 퍼즐은 1980년대 초반에 헝가리에서 대량으로 생산되었다. 오리지널 매직 도미노는 주사위 무늬가 그려져 있는 흰색 조각 9개와 검은색 조각 9개로 이루어졌으며, 섞을 수 있는 경우의 수는 4억 1000만 가지에 달한다. 이 퍼즐은 축 구조와 홈 구조로 만들어졌는데, 러시아에서는 다른 구조로 제작되었다. 매직 도미노 퍼즐이 성공하자, 대만에서는 크기가 더 작은 다양한 변형 퍼즐들이 빨간색과 흰색 혹은 검은색과 흰색이 조합된 디자인으로 생산되었다.

매직 도미노

마블 도미노

4×4×4 큐브

1980년 헝가리 부다페스트 출신의 수학자 페터 세베스테니Peter Sebestény는 4×4×4 큐브를 발명했다. 그는 3×3×3 큐브 몇 개를 독일 함부르크로 가져갔다가, 그곳에서는 아직 그 퍼즐이 판매되지 않는다는 사실을 알았다. 그는 부다페스트에서 살 때 3×3×3 큐브를 맞추는 자신만의 해법을 만들었으며, 3분~3분 30초 만에 큐브를 다 맞출 수 있었다. 몇몇 친구가 그에게 4×4×4 큐브를 디자인해보라고 제안했을 때, 그는 마침 함부르크에서 생계를 꾸려갈 방법을 찾던 중이었다. 그는 두 달 동안 모든 계산을 하고 갖가지 세부 사항을 연구했으며 설계도를 그렸다. 그의 핵심 아이디어는 3×3×3 퍼즐의 중심축을 네 부분으로 분리해서 이 각 부분들이 하나의 코어(큐브 내부의 한가운데에 들어 있는 부품. 큐브

의 종류에 따라 코어의 형태도 다양하다–옮긴이) 주위를 자유롭게 회전하도록 한 것이었다. 이들은 방패 모양의 조각들로 고정되었다. 이런 내부 부품들은 큐브의 모서리 조각과 귀퉁이 조각을 고정시켜 큐브에서 분리되는 것을 막는 역할을 했다.

하지만 그는 디자인 과정에서 몇 가지 문제에 부딪혔다. 가장 큰 문제는 큐브의 절반, 즉 2개 층을 동시에 회전시키면, 완벽한 대칭 모양을 한 형태로 큐브의 내부에서 자유롭게 움직이는 코어가 외부 회전을 완전히 따라가지 못하고 어중간한 지점까지만 회전한 상태로 있는 것이었다. 이러한 현상이 발생하면 직전에 한 회전과 수직을 이루는 방향으로 큐브의 절반 회전을 연속적으로 할 수 없게 된다. 코어의 위치가 이러한 움직임을 방해하기 때문이다(이러한 현상은 4×4×4 큐브에서만 발생하는 독특한 걸림 현상이라고 한다. 최근에 판매되는 4×4×4 제품 중에도 가끔 이 같은 걸림 현상이 발생하는 큐브가 있다–옮긴이). 그는 이 문제를 해결하기 위해 구면

페터 세베스테니

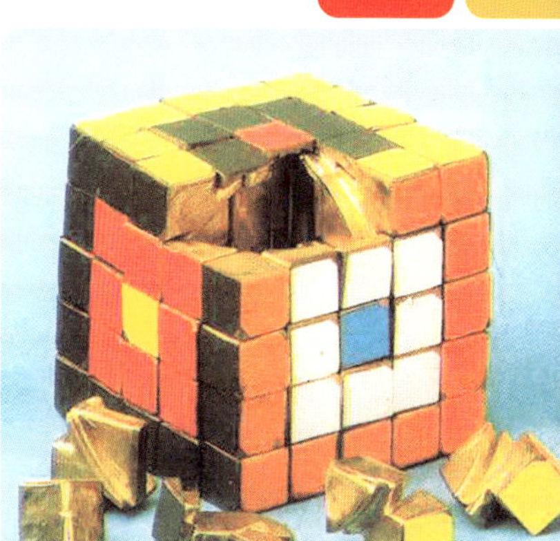

위르겐 호프만Jürgen Hoffman은 1981년에
황동으로 5×5×5 큐브를 만들었지만,
특허를 출원하지 않았다.

삼각형 모양의 부품(이 부품을 센터 후커라고 한다-옮긴이) 몇 개로 외부 부품이 회전할 때 코어에 걸리게 하는 시스템을 만들었다. 이를 통해 큐브의 절반을 회전시킬 때 코어가 항상 큐브의 한쪽 절반을 따라서 회전하도록 하여 코어의 위치를 확정짓고 걸림 현상을 해결했다.

처음에 세베스테니는 이미 성공을 거둔 3×3×3 큐브에 사용된 조각과 크기가 똑같도록 4×4×4 큐브를 디자인했지만, 이렇게 하면 큐브가 너무 커진다는 점을 깨달았다. 그래서 그는 한 변의 길이를 66mm로 하기로 결정하고 견본을 만들었으며, 1983년 12월 20일에 특허를 받았다. 그는 처음에 이 4×4×4 큐브의 이름을 '세베스테니즈 큐브'라고 붙일 계획이었지만, 나중에 그냥 '루빅스 큐브'로 결정했다. 그는 "3×3×3 큐브가 없었다면, 4×4×4 큐브도 나오지 않았을 것이다. 내 큐브는 루빅 교수의 독창적인 발상을 따라가서 나온 그 다음의 논리적인 순서였을 뿐이다"고 생각했다. 1982년 아이디얼 토이는 4×4×4 큐브를 미국에서는 루빅스 리벤지라는 이름으로, 유럽에서는 루빅스 마스터 큐브Rubik's Master Cube라는 이름으로 시장에 출시했다. 현재 이 큐브는 미국에서 '루빅스 4×4×4 큐브'라고 불린다(이 제품은 현재 국내에서도 루빅스 4×4×4 큐브라는 이름으로 판매되고 있다-옮긴이). 아이디얼 토이는 2~3년 후에 시장 침체기가 오자 4×4×4 큐브 시리즈의 생산을 중단했지만, 이후에 우베 메퍼트가 다시 생산을 시작했다. 2002년에는 이스트신에서 다른 구조의 새로운 4×4×4 큐브를 소개했다. 4×4×4 큐브를 섞을 수 있는 경우의 수는 7.4×10^{45}가지이다.

5×5×5 큐브

1986년 함부르크에 살던 우도 크렐Udo Krell은 5×5×5 큐브를 발명했다. 처음에는 독일에서만 판매되었고 루빅스 반Rubik's Wahn(Wahn은 영어로 illusion, 즉 환상이라는 뜻)이라고 불렸지만, 이후 프로페서 큐브Professor Cube로 이름이 바뀌었다. 현재 미국에서는 루빅스 5×5×5 큐브라고 불린다(이 제품은 현재 국내에서도 루빅스 5×5×5 큐브라는 이름으로 판매되고 있다-옮긴이). 이 큐브를 섞을 수 있는 경우의 수는 2.8×10^{74}가지이다. 5×5×5 큐브는 우베 메퍼트가 만든 것과 이스트신에서 제조한 것을 비롯하여 다양한 구조의 제품이 있다. 우도 크렐이 만든 최초의 제품은 한 변의 길이가 70mm이다. 이스트신의 제품은 약간 더 작은 60mm이다.

5×5×5,
6×6×6, 7×7×7 V-큐브

오랫동안 사람들은 기하학적인 제약 때문에 6×6×6 큐브를 만드는 것이 불가능하다고 생각해왔다. 하지만 그리스의 공학자 파나기오티스 베르데스Panagiotis Verdes는 헬싱키에서 열린 2005 국제퍼즐파티International Puzzle Party에서 완전하게 작동하는 6×6×6 V-큐브를 선보였으며, 이 큐브퍼즐은 퍼즐 디자인

부문에서 본상 외에 수여되는 특별상이라 할 어너러블 멘션Honorable Mention 상을 받았다. 베르데스는 1981년에 처음으로 큐브퍼즐을 봤을 때, 층이 더 많은 큐브를 만들 수 있다고 확신했다. 그는 처음에 3×3×3 큐브퍼즐의 구조를 이용해서 이 목표를 이루려 했지만, 이 구조의 변형만으로는 특히 귀퉁이 조각의 문제를 해결할 수 없다는 사실을 깨달았다.

베르데스가 발명한 독특한 제품은 같은 중심을 갖는 직각의 원뿔 모양 면을 사용하는 발상에 기초해 제작되었다. 이 면의 회전축은 큐브의 중심축과 함께 움직인다. 이 때문에 귀퉁이 조각이 큐브의 내부와 연결될 수 있는 공간을 확보할 수 있었다. 베르데스는 1980년대에 수제 모형을 만들었지만, 자신의 아이디어를 비밀로 간직했다. 그러다가 2×2×2, 4×4×4, 5×5×5 큐브가 생산되었지만 6×6×6 큐브는 출시되지 않자, 자신의 디자인으로 특허를 출원하기로 결심했다. 그는 2004년에 이 제품에 대한 특허를 받았다.

베르데스의 특허에는 2×2×2부터 11×11×11에 이르는 방대한 범위의 회전식 큐브퍼즐 디자인이 포함된다. 그러나 층이 아주 많은 큐브는 기하하적인 제약이 있으며, 가격이 매우 비싸고 조작하기가 어려워 실용적이진 않다고 여겨진다.

2008년 여름부터 5×5×5 V-큐브, 6×6×6 V-큐브, 7×7×7 V-큐브의 대량 생산, 마케팅, 판매가 시작되었다. 같은 중심을 갖는 여러 개의 내부 구들과 같은 중심의 원뿔 면 6개의 결합은 새로운 원리이다. 이 원리에 기초한 구조 덕분에 외형이 멋질 뿐 아니라 매우 부드럽게 회전하는 신뢰성 높은 퍼즐을 제작할 수 있었다.

5×5×5, 6×6×6 V-큐브는 기하학적으로 정육면체이다. 그러나 7×7×7 큐브는 구조적인 안정성을 확보하기 위해 약간 볼록한 모양을 하고 있다. 그럼에도 6×6×6, 7×7×7 V-큐브의 구조는 기본적으로 동일하다. V 로고가 있는 스티커의 방향을 무시한다면, 이 큐브를 섞을 수 있는 경우의 수는 6×6×6 큐브에서는 $1.57×10^{116}$가지이고 7×7×7 큐브에서는 $1.95×10^{160}$가지이다.

이 장에서 다룬 모든 큐브들은 대량 생산되었다. 하지만 1980년대에 나온 많은 큐브들이 현재는 생산 중단된 상태로 상점에서 판매하지 않는다. 가끔 이런 퍼즐이 이베이eBay를 비롯한 몇몇 웹사이트에서 판매되고 있을 뿐이다. 변경의 여지는 있지만, 다음 페이지에 현재 회전식 퍼즐을 판매하고 있는 인터넷 쇼핑몰을 소개했다.

다양한 V-큐브. 5×5×5, 6×6×6, 7×7×7.

큐브엔조이|cubeNjoy (한국): **www.cubenjoy.com**

온하비|OnHobby (한국): **www.onhobby.com**

루빅스 코리아|Rubik's Korea (한국): **www.rubikskorea.com**

나이스 퍼즐스|9s Puzzles (중국): **www.9spuzzles.com**

큐브스미스|Cubesmith (미국): **www.cubesmith.com**

큐비콘|Cubikon (독일): **www.cubikon.de**

큐브포유|Cube4You (중국): **www.cube4you.com**

큐브팬스|Cubefans (중국): **www.cubefans.com**

메퍼츠|Mefferts (홍콩): **www.mefferts.com**

오메가 스튜디오|Omega Studio (대만): **www.omega.url.tw/onlineshop**

퍼즐닷코닷유케이|Puzl.co.uk (영국): **www.puzl.co.uk**

퍼즐마스터|Puzzlemaster (캐나다): **www.puzzlemaster.ca**

루빅스|Rubiks (미국): **www.rubiks.com**

트라이박스|Tribox (일본): **tribox.cart.fc2.com**

V-큐브|V-CUBES (그리스): **www.v-cubes.com**

베다드 퍼즐스|Bedard Puzzles (스코틀랜드, **www.bedardpuzzles.com**)에서는 매우 특별하고 품질이 뛰어난 다양한 수제 회전식 퍼즐들을 찾아볼 수 있다.
그리고 **www.twistypuzzles.com/forum**에는 각종 회전식 퍼즐의 최신 디자인을 비롯하여 각 퍼즐에 관한 전반적인 정보가 나와 있다.
한편 야프 쉐르푸이스|Jaap Scherphuis는 자신의 홈페이지 **www.jaapsch.net**에서 모든 회전식 퍼즐의 해법을 소개하고 있다.

새로운
회전식 퍼즐

피라밍크스와 스큐브

1939년 11월 28일, 독일 베르니게로데에서 태어난 우베 메퍼트는 3×3×3 큐브가 판매되기 몇 년 전에 피라밍크스Pyraminx라는 퍼즐을 발명했다. 그는 1970년대 초반에 피라미드 모양의 사면체나 정육면체 같은 입체물을 손으로 조작하는 활동이 사람의 행복과 생체 에너지 흐름에 미치는 영향을 연구했다. 그 결과 정사면체와 정십이면체 같은 정다면체 물체가 손을 부드럽게 마사지하거나 자극하는 효과가 있을 뿐 아니라 서서히 마음을 이완시키고 안정시키며 평온하게 한다는 점을 발견했다. 곧 그는 정사면체나 정십이면체 형태를 지닌 게임이나 퍼즐을 만들기로 했다. 메퍼트는 처음에 정사면체 형태의 물체를 구상했으며, 이어 뛰어난 기술자인 동생과 함께 각 뿔이 서로 연결된 채 움직이는 피라미드 모양의 간단한 구조를 만들어냈다. 피라밍크스라고 이름 붙인 이 퍼즐의 최초 견본은 광택이 있는 나무로 만들어졌다.

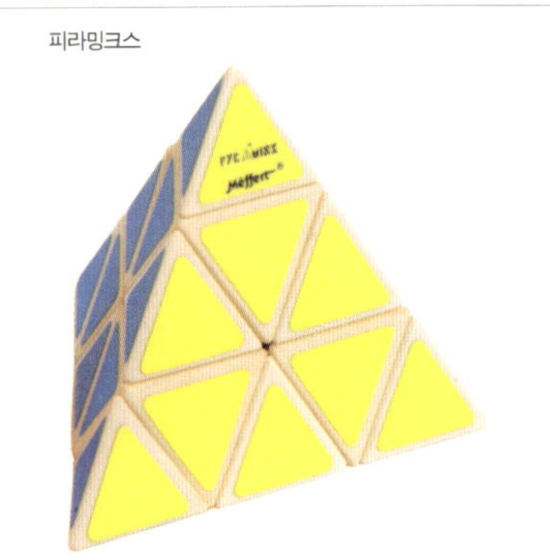

피라밍크스

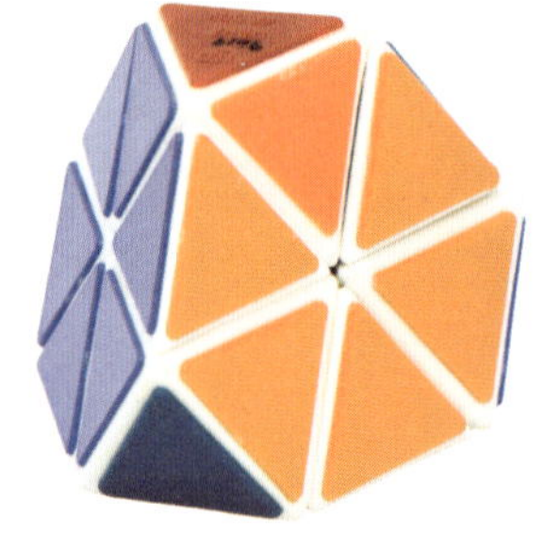

테트라밍크스

이로부터 몇 년 후 루빅스 큐브 때문에 전 세계에 퍼즐 열풍이 불자, 주변 사람들은 피라밍크스를 퍼즐로 만들어서 시장에 내놓으라고 메퍼트를 부추겼다. 그는 홍콩과 일본에 가서 자신의 퍼즐을 제품화해서 판매하는 데 관심이 있는 회사 몇 곳을 찾아냈다. 피라밍크스를 판매한 모든 지역에서 열광적인 반응이 일어났으며, 수요가 크게 늘었다. 얼마 후 홍콩과 일본에서 퀄리덕스Qualidux, 토미Tomy, 쓰쿠다Tsukuda, 반디Bandi 같은 완구 제조회사가 이 제품을 대량 생산했다. 메퍼트는 1981년 피라밍크스의 특허를 받았으며, 3년 동안 이 제품이 9000만 개나 팔렸다고 주장했다. 피라밍크스를 섞을 수 있는 경우의 수는 93만 3210가지이며(장식이나 다름없는 꼭지 부분을 제외할 경우), 이론상 최대 11회전만으로 모두 맞출 수 있다. 한편 메퍼트가 개발한 테트라밍크스Tetraminx는 대만판과 러시아판으로도 생산되었다. 1982년, 메퍼트는 새로운 회전식 퍼즐 14개를 소개하는 카탈로그를 만들었다. 그러나 이중 대부분은 상품으로 출시되지 못했다.

토니 더럼Tony Durham은 또 다른 퍼즐인 스큐브Skewb를 발명했다. 메퍼트가 이 퍼즐을 생산했으며 처음에는 피라밍크스 큐브Pyraminx Cube라는 이름으로 나왔다. 그러나 더글러스 호프스태터가 『사이언티픽 아메리칸』에 게재한 기사에서 '스큐브'라는 이름을 처음 사용한 이래 지금까지 그렇게 불리고 있다. 피라밍크스와 스큐브는 둘 다 회전축 4개를 기반으로 하는 퍼즐이다. 그러나 두 퍼즐의 내부 구조는 다르다. 피라밍크스는 구형 코어 주변을 부품이 감싸면서 회전하는 데 비해, 스큐브는 중심에 다리가 4개 달린 코어가 있다. 스큐브의 정사각형 6개는 피라밍크스의 모서리 조각 6개에 대응한다.

처음에는 스큐브의 구조가 혼란스러울 수도 있다. 이는 퍼즐을 돌릴 때 6면의 조각들이 모두 동시에 움직인다는 놀라운 점 때문이다. 스큐브를 섞을 수 있는 경우의 수는 314만 9280가지이며 역시 이론상 최대 11회전만으로 맞출 수 있다.

스큐브 구조를 기반으로 하는 새로운 퍼즐로 스큐브 얼티미트Skewb Ultimate, 스큐브 다이아몬드

스큐브

스큐브 다이아몬드

스큐브 얼티미트

골든 에그

미키 스큐브 볼

마하 매직볼

메가밍크스

Skewb Diamond, 미키 스큐브 볼Mickey Skewb Ball, 골든 에그Golden Egg가 있다. 이 퍼즐들은 모두 메퍼트에 의해 생산되었다. 헝가리 회사인 귤라 마하Gyula Mach에서는 마하 매직볼Mach Magic Ball을 생산했다.

메가밍크스 퍼즐과 변형

메가밍크스Megaminx는 여러 사람이 각각 거의 동시에 발명했다. 이 퍼즐은 루빅의 3×3×3 큐브퍼즐이 시장에 나온 직후 등장했다. 메가밍크스는 회전하는 면이 모두 12개이고 귀퉁이 조각이 20개인 정십이면체 퍼즐이다. 정십이면체 퍼즐은 겉보기에는 3×3×3 큐브퍼즐보다 훨씬 더 어려워 보인다. 그러나 이 퍼즐의 귀퉁이 구조는 3×3×3 큐브와 매우 비슷하며, 두 퍼즐을 맞추는 난이도도 거의 같다. 그러므로 3×3×3 큐브가 나온 후, 정십이면체 퍼즐 분야에서 여러 명의 발명가와 특허가 나왔고 이중 몇몇 디자인이 상품으로 색산된 것도 어쩌면 당연한 일이다. 가장 일반적인 제품은 우베 메퍼트가 케르스텐 마이어Kersten Meier와 벤 할펀Ben Halpern에게서 특허권을 사서 생산한 메가밍크스였다.

이 퍼즐을 만든 또 다른 발명가로는 크리스토프 반델로Christoph Bandelow와 헬무트 코베크Helmut Corbeck, 즐리브카 페렌츠Szlivka Ferenc가 있다. 페렌츠의 특허는 헝가리안 수퍼노바Hungarian Supernova(헝가리의 초신성이라는 의미로 메가밍크스와 동일하게 생긴 퍼즐이다–옮긴이)에 대한 특허이다. 일본 완구업체인 토미 역시 메가밍크스를 생산하며, 그 밖에 중국에서 1종, 말레이시아에서 3종의 제품이 생산된다. 일부 상품은 6개의 색상만 사용해서 생산되며 이 경우에는 섞을 수 있는 경우의 수가 $6.1×10^{63}$가지이다. 12가지 색상을 이용한 제품의 경우에는 $1×10^{68}$가지이다.

메퍼트는 1982년 카탈로그에서 메가밍크스를 변형한 제품인 피라밍크스 크리스털Pyraminx Crystal을 소개했다. 최근에는 오카모토 가츠히코Okamoto Katsuhiko와 알레 흘라드질린Aleh Hladzilin이 이 퍼즐의 다른 변형인 메가 크리스털Mega Crystal과 알레스 브릴릭Aleh's Brilic을 각각 내놓았다. 두 수제 모델이 성공을 거두자, 2008년 우베 메퍼트는 이 퍼즐을 생산하기로 결정했다.

애덤 알렉산더Adam Alexander는 면이 큰 정십이면체 모양으로 알렉산더즈 스타Alexander's Star라는 퍼즐을 만들었으며, 1985년에 특허를 받았다. 알렉산더즈 스타는 두 종류로 생산·판매되었는데, 스티커가 붙어 있는 모델과 색상이 칠해져 있는 모델이 그것이다. 알렉산더즈 스타의 초기 디자인은 12개의 별에 6개의 색상을 사용했는데, 이때 섞을 수 있는 경우의 수는 $7.2×10^{34}$가지이다. 그러나 이 퍼즐은 맞추기가 매우 어려울 뿐 아니라 별들이 부드럽게 돌지도 않는다.

'플라톤의 입체'인 정십이면체의 쌍대다면체는 면이 20개이고 꼭짓점이 12개인 정이십면체이다('플라톤의 입체'란 정다면체를 가리키는 말로, 정 4·6·8·12·20면체 5개뿐이다. 또한 쌍대다면체란 어떤 다면체의 각 면의 중심을 꼭짓점으로 삼아

피라밍크스 크리스털

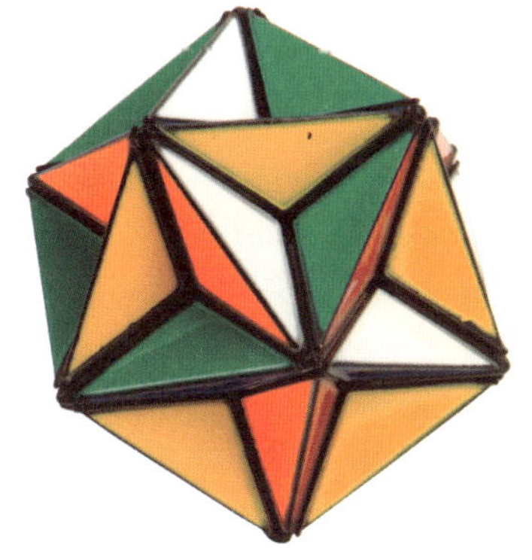

알렉산더스 스타

임파서볼
(인크레더볼)

이어 만든 다면체를 말한다–옮긴이). 헝가리인 졸탄 베체이Zoltan Vecsei와 로베르트 베체이Robert Vecsei는 1998년에 축이 20개인 도직Dogic 퍼즐로 특허를 받았으며, 이들의 회사 베쵸Vecsö에서는 이 제품을 시장에 내놓았다. 도직퍼즐은 각 귀퉁이마다 다른 색을 넣어 총 12가지 색상으로 되어 있었고, 섞을 수 있는 경우의 수가 2.2×10^{82}가지였다. 하지만 불행히도 아주 소수의 샘플만 생산된 후 생산 설비가 고장나버렸다. 이런 이유에다가 이 퍼즐만의 독특함이 더해져, 도직 퍼즐은 대단히 희귀하고 값비싼 제품이 되었다. 생산이 중단된 후, 이베이에서 이 퍼즐의 가격은 개당 500달러가 넘었다. 메퍼트는 이 퍼즐을 사려는 사람이 많은 것을 보고 사업성이 있다고 판단하여, 2004년 이 퍼즐의 금형을 확보했으며 2005년부터 새로 생산하기 시작했다. 메퍼트는 2색, 5색, 10색으로 된 도직 퍼즐도 내놓았다.

임파서볼

1984년 윌리엄 구스타프손은 임파서볼Impossiball(인크레더볼Incrediball이라고도 한다)을 발명했다. 이 퍼즐은 메가밍크스처럼 회전축이 12개이지만 모양은 구형이다. 1980년대 초 밀턴 브래들리Milton Bradley가 이 제품을 생산했다. 임파서볼은 원형의 정이십면체 퍼즐이다. 조각들이 움직일 수 있도록 삼각형 모양의 부품 20개를 부드러운 고무 축 12개에 정렬시켜 고정했다. 그 덕분에 퍼즐 조각들이 유연하게 정렬된다. 하지만 퍼즐의 회전은 쉽지 않다. 임파서볼이 나오고 나서 몇 년 뒤, 메퍼트는 이를 6색 혹은 12색으로 바꾸어서 신제품을 내놓았다. 임파서볼은 삼각형 모양의 회전 부품을 하나씩 쉽게 빼낼 수 있는 구조로 되어 있다. 이렇게 하여 조각이 미끄러지면서 움직이는 형태의 퍼즐이 구면상에서 탄생했다.

또한 토머스 볼Thomas Ball도 회전축이 12개이며, 각 축은 고정된 검정색 오각형 조각에 붙어 있다. 오각형 조각 주위에는 움직일 수 있는 육각형 조각 5개가 둘러싸고 있다. 이 조각들은 회전축 끝에 있는 검정색 오각형 캡 아래에서 회전한다. 토머스 볼은 2003년에 즈데네크 블라제크Zdenek Blazek와 미로슬라프 얀도라Miroslav Jandora가 발명해서 특허를 받았으며, 체코의 브레이니 토이스Brainy Toys에서 이 퍼즐을 상품으로 제조했다. 초기의 주요 상품이었던 6종에는 다양한 삽화가 그려져 있었다.

12가지 색상이 사용된 임파서볼과 토머스 볼을 섞을 수 있는 경우의 수는 2.4×10^{25}가지이다.

도직 퍼즐

마스터볼

1989년, 헝가리의 공학자이자 변호사인 게자 조바이Geza Gyovai는 마스터볼Masterball을 발명했다. 마스터볼은 대량 생산된 여러 회전식 퍼즐 중 하나다. 이 퍼즐은 4개의 층으로 되어 있고, 각 층은 같은 모양으로 된 8개의 조각으로 나뉘어 있다.

이 퍼즐에는 스티커 대신 삽화가 인쇄되었다. 마스터볼 공식 웹사이트에서는 6가지 형태만 소개되어 있지만, 그 외에도 다양한 변형 퍼즐이 생산되고 있다. 모든 부분의 색과 디자인이 각각 다른 마스터볼의 경우, 섞을 수 있는 경우의 수는 2.7×10^{25}가지이다.

마스터볼과 연관된 변형판은 악손Arxon에서 제조된 로기-VIP 볼Logi-VIP Ball이다. 로기-VIP 볼도 4개 층으로 되어 있고 각 층은 8개의 조각으로 나뉘어 있지만, 한 번에 한 단면으로만 회전할 수 있다. 8개 조각은 각각 다른 색으로 되어 있고, 각 조각이 속한 4개 층에서는 해당 색상의 밝기가 층마다 달라진다. 1981년에 후베르트 페투트쉬니히Hubert Petutschnig가 이 퍼즐을 발명하여 특허를 받았다.

스퀘어-1

보체크 코프스키Vojtech Kopsky와 카렐 흐르셀Karel Hrsel은 스퀘어-1Square-1의 전체적인 구조를 구상할 당시, 다양한 개념의 퍼즐을 고민한 끝에 결국 '맨 처음 정사각형으로 되돌리는Back to Square-1' 개념의 퍼즐을 만들기로 결정했다. 그들은 1993년에 이 퍼즐로 특허를 받았다. 스퀘어-1은 돌리다 보면 헛갈리는 모양으로 변한다. 이 퍼즐은 색을 맞추기 전에 일단 원래의 육면체 모양으로 되돌려놔야 한다. 이 퍼즐은 18개의 조각으로 이루어져 있으며, 이 가운데 8개는 중심각이 30도이고 나머지 8개는 중심각이 60도이다. 가운데 층은 나사로 연결된 2개의 조각으로 이루어져 있으며, 이 층을 중심으로 퍼즐 전체가 반씩 둘로 나뉘어 회전한다. 몇몇 제조업체들이 큐브21Cube21, 슈퍼 큐빅스Super Cubix 같은 다양한 상품명으로 이 퍼즐을 생산하여 시장에 내놓았다.

사실 이와 같은 개념의 퍼즐 중에는 스퀘어-1보다 더 오래된 퍼즐인 올리주스 퍼즐Olidjus Puzzle이 있다. 이 퍼즐은 위층과 아래층이 18개 부분으로 나뉘어 있고, 가운데 층은 2개 부분으로 나뉘어 있다. 이 2개의 부분은 다시 각각 9개로 나뉜다. 따라서 퍼즐의 양끝 꼭지 부분에 있는 작은 원형 부품에 의해 이 퍼즐의 회전 단면 위치가 결정된다. 러시아의 디미트리프Dimitriew, 유린Jurin, 스툴니코프Stulnikow가 이 퍼즐을 디자인하고 생산했다.

스마트 알렉스

켑 코롱

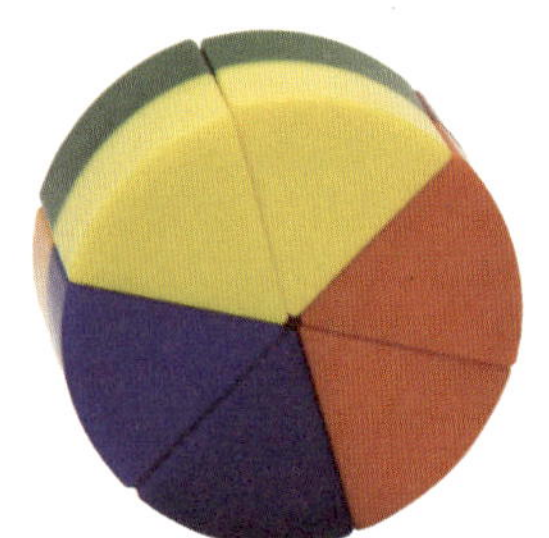
루빅스 치즈

옥토 링

산도 링

퍽 퍼즐

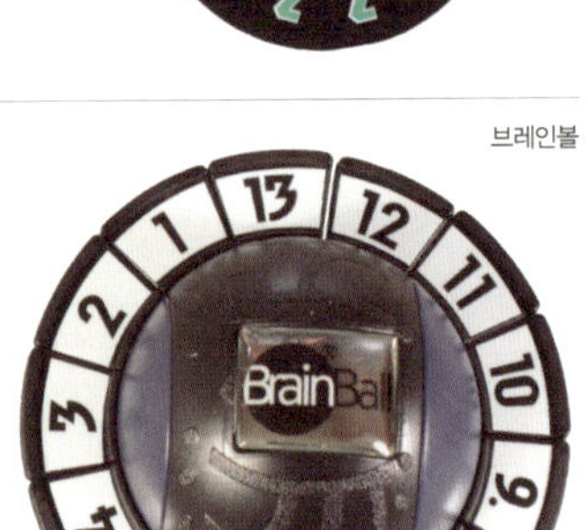

브레인볼

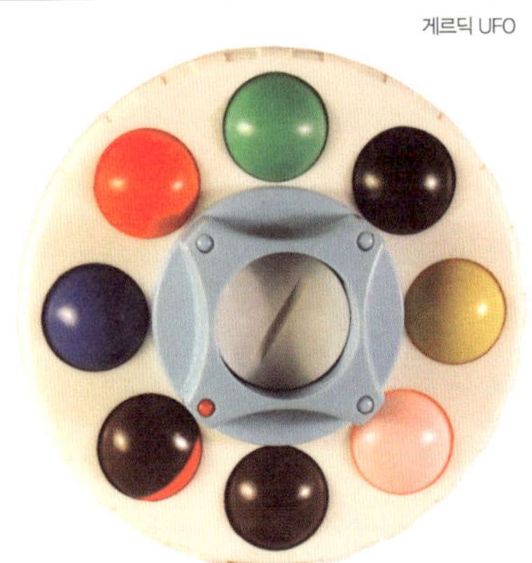
게르딕 UFO

퍽과 루빅스 UFO

고정축을 중심으로 회전하는 다른 퍼즐로는 퍽Puck
이 있다. 1991년 게자 초모스Geza Csomos, 우둘로 므
즘프Udulo Mszmp, 졸탄 파타키Zoltan Pataki가 이 퍼즐
로 특허를 받았다. 이 퍼즐은 아이스하키에서 공으
로 사용되는 퍽처럼 생겼으며, 바깥쪽 원에는 같은
크기의 조각 12개가 있고 안쪽 원은 반으로 나뉘어
있다. 내부 원을 회전하면 회전 단면의 위치를 바꿀
수 있다. 다양한 로고가 새겨진 디자인으로 많은 변
형 제품이 생산되고 있다. 이와 비슷하게 바깥쪽 원
에 6개의 조각이 있는 퍼즐인 켑 코롱Kep Korong이라
는 제품도 있다. 이 퍼즐은 겉에 고양이, 개, E.T. 등
이 인쇄된 디자인으로 출시되었다.

　　각종 퍽 퍼즐은 또 다른 원반 모양의 퍼즐인 루
빅스 치즈Rubik's Cheese와 비슷하다. 헝가리에서만
생산되었던 루빅스 치즈는 현재 상당히 희귀하다. 치
즈 조각 위아래가 2개의 색깔로 이루어져 있지만 실
제로는 한 조각이다. 총 6개의 조각은 자유롭게 회전
이 가능하다. 이 퍼즐은 맞추기가 쉽다. 이와 비슷한
다른 퍼즐로는 안드레아스 운지커Andreas Unsicker
가 개발한 브레인볼BrainBall, 게르하르트 훈카가Ger-
hard Huncaga가 개발한 게르딕 UFOGerdig UFO, 두미
트루 포프Dumitru Pop가 개발한 스마트 알렉스Smart
Alex, 산도 링Sando Ring, 옥토 링Octo Ring이 있다.

디노 큐브

디노 큐브Dino Cube는 8개의 회전축을 기반으로 하여
약간 특이한 방식으로 회전하는 퍼즐이다. 서로 다
른 3개의 조각이 각 귀퉁이에서 만나며, 그 귀퉁이를
중심으로 3개의 조각이 한 번에 120도씩 회전한다.
이 퍼즐은 12개의 조각만으로 이루어져 있고 동시에
3개의 조각만이 회전할 수 있기 때문에, 맞추기가 상

디노 큐브

당히 쉽다. 디노 큐브는 3×3×3 큐브퍼즐과 달리,
각 조각들이 올바른 위치에 있으면 방향은 저절로 맞
춰진다. 호주의 로버트 웨브Robert Webb와 뉴질랜드
의 스티븐 하비Stephen Harvey가 각각 독자적으로 디
노 큐브를 설계하여 종이로 첫 샘플을 만들었다.
1995년에 독자적으로 또 다른 디노 큐브를 발명한
S.Y 리우S.Y. Liou가 이 퍼즐을 대량 생산했다.

디노 스타

브레인트위스트(열린 모습)

트라이포드

앞서 언급한 퍼즐과 비슷하게 8개의 회전축을 기반으로 하는 구조이지만 모양은 다른 회전식 퍼즐이 몇 종류 더 있다.

이중 첫번째는 디노 스타Dino Star라고 불리는 퍼즐이다. 이 퍼즐은 정사면체 모양의 8개 꼭지가 돋아 있는 별 형태를 띠며, 돌출된 8개의 꼭지 각각을 회전시킬 수 있다. 꼭지를 돌리면 정사면체 꼭지를 중심으로 원형 배치된 3개의 조각이 회전한다. 두 번째는 브레인트위스트Braintwist인데 디노 스타와 같은 해법으로 맞출 수 있다. 2005년 5월 12일, 찰스 호버만Charles Hoberman과 매슈 데이비스Matthew Davis가 이 퍼즐로 특허를 받았다. 마지막으로 트라이포드Tripod 혹은 잭팟Jackpot이나 플래티퍼스Platypus로 불리는 퍼즐이 있다. 유수프 세이한Yusuf Seyhan이 발명했으며 여러 가지 변형판으로 생산되었다.

레인보우 큐브Rainbow Cube는 귀퉁이를 잘라낸 디노 큐브라고 볼 수 있다. 이 퍼즐은 일본에서 7색과 14색 두 종류로 생산되었다.

보이드 큐브

에르뇨 루빅은 자신이 발명한 큐브퍼즐 그리고 이 퍼즐이 지닌 놀라운 구조의 내부 장치로 전 세계를 깜짝 놀라게 했다. 루빅의 3×3×3 큐브퍼즐은 크게 두 부분으로 구성되어 있다. 첫째는 퍼즐의 중심을 가로지르는, 다리가 6개 달린 코어이다. 둘째는 서로를 지지하도록 디자인된 두 종류의 조각(귀퉁이 조각 8개와 모서리 조각 12개)이다.

오카모토 가츠히코가 퍼즐의 중심을 가로지르는 코어가 없는 3×3×3 큐브퍼즐을 발명하는 데 성공했을 때 전 세계는 또 한 번 놀라움에 빠졌다. 오카모토의 발명품은 보이드 큐브Void Cube로 불렸다. 그는 루빅이 사용한 코어 대신 6개의 구멍이 난 축과 움직이는 조각 20개를 사용한다. 이 조각들은 일종의 작은 특수 레일을 사용하여 움직일 수 있도록 하였다. 보이드 큐브는 호주에서 열린 2007 국제퍼즐파티에서 심사위원단 대상을 받았다. 2008년 일본에서 이 퍼즐의 생산이 시작되었다.

레인보우 큐브

보이드 큐브

삼 큐브

피셔가 개발한 3×3×4 큐브

수제
회전식 퍼즐

적어도 50명의 디자이너가 기존의 회전식 퍼즐을 새로운 구조로 업그레이드하거나 완전히 새로운 수제 퍼즐 수백 종을 만들었다. 여기에서는 수제 회전식 퍼즐 창작 분야에서 유명한 발명가들 몇 명과 이들이 직접 만든 퍼즐을 소개할 것이다. 이는 수많은 수제 회전식 퍼즐 제품 중 극히 일부에 불과하다.

큐브 열풍이 거의 절정에 달했던 1981년 12월, **토니 피셔**Tony Fisher는 3×3×3 큐브 둘을 개조해서 한쪽 모서리를 따라 결합한 '삼 큐브Siamese Cubes'를 만들었다. 영국에 살던 피셔는 "새 퍼즐이 출시되기를 기다리는 것에 지쳐서" 새로운 수제 퍼즐을 직접 설계해 만들기 시작했고 이 분야의 선구자가 되었다. 피셔는 1981년 이래 각기 다른 구조의 퍼즐 100여 개를 직접 디자인하고 제작했다.

퍼즐을 개조하려면 퍼즐 설계 기술과 제작 기술은 물론 통찰력을 갖춰야 한다. 최소 2개의 회전축을 기반으로 여러 층이 회전하는 퍼즐(특히 직육면체 모양)이 모든 방향에서 완전히 작동하게 하려면 다소 복잡한 기법들이 필요하다. 피셔가 생각해낸 기법은 절단면 위로 조각이 움직이게 하는 것이었다. 1995년 그는 이 기법으로 직육면체 모양의 3×3×4 큐브를 개발했으며, 이어서 같은 방법을 적용한 2×3×4, 3×3×5, 4×4×5 큐브를 만들었다. 피셔

가 도입한 또 다른 기법은 원래 헤이르트 헬링스Greet Hellings가 개발한 것으로, 추가로 회전하는 층을 만들기 위해 일반 4×4×4 큐브의 중앙 조각을 둥글게 만드는 방법이다. 이 기법은 유니폼 2×2×4 큐브와 논유니폼 2×2×6 큐브(유니폼은 큐브 조각의 모양과 크기가 모두 같은 큐브를, 논유니폼은 큐브 조각의 크기가 위치나 방향에 따라 일부 다른 큐브를 의미한다–옮긴이)를 만들기 위해 개발된 기법이었으며, 피셔가 이 기법을 한층 더 완성시켜서 완전히 작동하는 직육면체 모양의 유니폼 2×2×6, 2×2×7, 4×4×6 큐브를 만들었다.

피셔는 자신이 가장 멋지게 개조한 (그리고 대부분의 사람이 피셔의 퍼즐 중 최고작이라고 손꼽는) 퍼즐에 밀레니엄 큐브Millennium Cube라는 이름을 붙일 생각이었다. 하지만 퍼즐의 설계와 제작에 예상보다 시간이 걸려 새천년의 시작에 맞추어 완료하지 못했다. 피셔는 마침내 이 퍼즐을 완성한 후 골든 큐브Golden Cube라고 이름 붙였다. 스큐브를 개조한 골든 큐브는 맞추기가 대단히 어렵다. 이 놀라운 퍼즐은 회전식 퍼즐로서는 최초로 단 한 가지 색상만으로 되어 있으며 큐브 모양을 처음의 모양으로 되돌리는 방식으로 맞추게 되어 있다. 게다가 골든 큐브는 단색의 퍼즐 디자인을 비롯해 외양이 아주 아름다워서 현재까지 나온 회전식 퍼즐 중 가장 흥미를 자극하는 퍼즐로 손꼽힌다.

피셔가 이루어낸 또 다른 혁신은 오버래핑 큐브Overlapping Cube이다. 피셔는 이스트신이 생산한

3×3×5 큐브

2×2×6 큐브

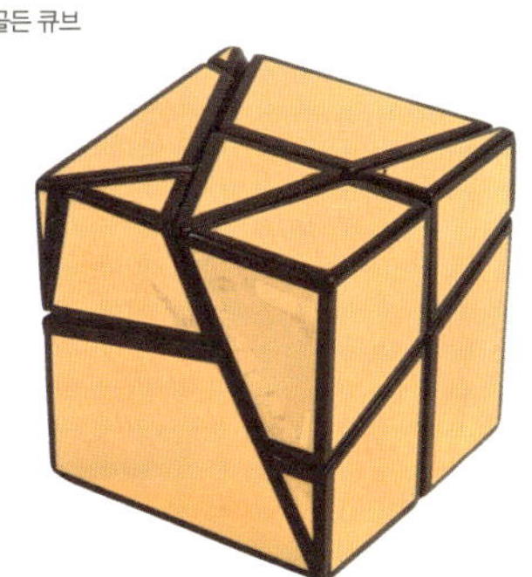

골든 큐브

골든 큐브가 섞인 모습

오버래핑 큐브

4×4×4 큐브의 구조를 적절하게 이용해서 이 개조 큐브를 만들었다. 피셔는 겉으로 보이지 않는 내부 부품 일부를 확장해서 더 맞추기 어려운 퍼즐을 만들었다. 모서리 조각의 내부가 비어 있기 때문에 주변의 조각들이 회전할 수 있는 공간이 생겨서 퍼즐이 '오버래핑' 즉 겹쳐지게 된다.

끝으로, 2007년에 나온 피셔의 헥사밍크스 Hexaminx는 메가밍크스를 정육면체 모양으로 만든 것이다. 헥사밍크스는 복잡한 변형을 거쳐 만든 퍼즐로, 피셔는 이 퍼즐을 만들기 위해 새로운 부품용 금형을 폴리우레탄 수지로 제작한 것을 비롯해서 각종 새로운 제조 기법을 개발해야 했다. 피셔는 이런 여러 기법이 "더욱 새롭고 복잡한 퍼즐의 제작을 가능하게 하는 디딤돌"이라고 믿는다.

장 클로드 콘스탄틴 Jean Claude Constantin은 모든 종류의 기계식 퍼즐 전문 디자이너이자 제작자로, 20여 년 전에 독일에서 퍼즐 사업을 시작해 성공을 거두었다. 그는 1988년에 회전식 퍼즐을 개조한 제품들을 만들기 시작했으며, 1995년까지 새로운 퍼즐 약 100여 개를 디자인했다. 콘스탄틴이 가장 좋아하는 퍼즐이자 그가 디자인한 것들 중에서 가장 많이 팔린 퍼즐은 머쉬룸Mushroom(버섯이라는 의미-옮긴이)이다. 콘스탄틴은 기존의 퍼즐을 다른 모양으로 개조시키는 것에 지대한 관심과 흥미를 갖고 있었다. 그는 서로 다른 퍼즐의 부품들을 결합하거나 연장했으며, 재료로는 보통 나무를 사용했다. 그는 어린이와 어른 모두에게 흥미를 끌 수 있는 모양의 퍼즐을 만들어냈다.

머쉬룸

헥사밍크스

장 클로드 콘스탄틴이 만든 각종 퍼즐.
토니 피셔의 피셔 큐브
(오른쪽 아래).

마스터 옥타헤드런

브릴리큐브

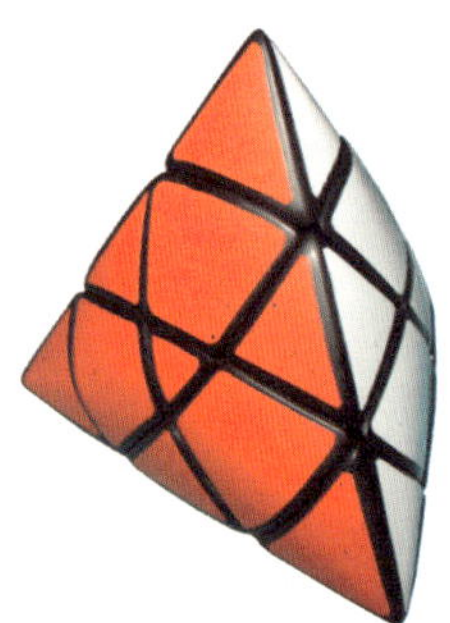

커브드 마스터몰픽스

알레 흘라드질린 Aleh Hladzilin은 초창기의 수제 회전식 퍼즐 디자이너이자 제작자 중 한 명이다. 그의 첫 작품은 벨로루시에서 미국으로 이민을 가기 전인 1989년에 만든, 모든 면이 완전히 작동하는 3×3×5 큐브이다. 그는 자신이 발명한 13개의 퍼즐 중 가장 놀라운 퍼즐인 마스터 옥타헤드런Master Octahedron, 브릴리큐브Brilicube, 커브드 마스터몰픽스Curved Mastermorphix를 특히 자랑스럽게 생각한다. 브릴리큐브는 6개의 면 모두가 스퀘어-1 퍼즐처럼 생겼다. 이 퍼즐은 중앙 조각이 보이지 않는 3×3×3 큐브이다. 단면을 따라 큐브의 면을 회전시키는 것이 불가능해 보이지만, 조각들의 속이 비어 있기 때문에 완벽하게 작동을 한다. 흘라드질린은 아마 3×3×3 큐브의 끝을 잘라서 곡선 모양의 불룩한 정사면체 모양으로 개조한 최초의 사람일 것이다. 그는 이 큐브의 이름을 커브드 마스터몰픽스라고 이름 지었다. 그는 또한 오늘날에도 생산되고 있는 피라밍크스 크리스털의 초기 모델을 개발하기도 했다.

일본의 **오카모토 가츠히코**는 2001년부터 새로운 회전식 퍼즐을 디자인하고 만들기 시작했다. 그가 처음 만든 퍼즐은 2×2×3 큐브로 슬림타워Slim-tower(현재 이 제품은 '타워 큐브'라는 이름으로 판매되고 있다—옮긴이)라고 이름을 지었다. 이후 그는 회전식 퍼즐 31개를 발명했다. 그는 "처음에는 불가능해 보이는 디자인"을 성공시키는 것이 목표라고 말한다. 그는 이러한 목표를 여러 번 달성했으며, 그 예로 특히 보이드 큐브Void Cube, 베벌 큐브Bevel Cube, 플로피 큐브Floppy Cube를 들 수 있다.

설계가 불가능할 것 같았던 보이드 큐브는 중앙 조각 없이 속이 텅 비어 있다(55쪽 참조). 이 큐브는 현재 일본에서 생산되고 있다. 베벌 큐브는 2×2×2 큐브의 단면을 그대로 지니고 있는 듯 보이지만 귀퉁이의 삼각형 부분이 회전한다. 오카모토는 이를 구현하기 위해 새로운 구조를 발명해야 했다. 베벌 큐브는 뒤에서 소개할 애덤 코완Adam Cowan이 별도로 발명한 헬리콥터 큐브Helicopter Cube와 동일하다. 그의 걸작품인 플로피 큐브는 1×3×3 큐브이다. 겉보기에 이 큐브는 회전이 불가능할 것처럼 보이지만 실제로는 모든 면이 완벽하게 작동한다. 또한 오카모토는 피라밍크스 크리스털의 새로운 모델을 디자인하기도 했으며, 이는 현재 생산이 되고 있다. 또한 그는 이시노Ishino가 최초로 디자인했던 피라큐Pyracue의 다른 모델을 설계한 바 있다.

피라큐

보이드 큐브

플로피 큐브

베벌 큐브

스테어 큐브

범프 큐브

트릭 도미노스

또 다른 유명한 회전식 퍼즐 발명가이자 제작자는 일본의 **다케지 히데토시**Takeji Hidetoshi이다. 그가 처음 디자인한 퍼즐은 스테어 큐브Stair Cube로, 2005년 3×3×3 큐브를 개조해서 만들었다. 이후에 그는 독창적인 회전식 퍼즐을 11개 더 발명했다. 그의 가장 유명한 퍼즐은 범프 큐브Bump Cube로 이는 현재 미러 큐브Mirror Cube(미러 블록Mirror Blocks이라고도 한다-옮긴이)라는 이름으로 판매되고 있다. 이 퍼즐은 3×3×3 큐브를 기반으로 만들어졌으며 각 조각의 크기가 다르다. 이 때문에 이 큐브를 돌리다 보면 각종 특이한 모양이 나타나게 된다. 다케지는 "미러 큐브를 뒤섞으면, 맨해튼의 초고층 빌딩처럼 보이기 때문"에 이 큐브를 좋아한다고 말했다. 그가 2×3×3 구조를 바탕으로 발명한 트릭 도미노스Trick Dominoes는 겉보기에 똑같이 생긴 큐브 2개가 실제로는 한 쌍으로 이루어진다. 이 한 쌍의 큐브는 위에서 보면 똑같이 생겼지만 아래에서 보면 좌우가 대칭이다. 두 퍼즐은 회선할 때 움직임이 서로 다르다.

다케지는 훌륭한 유머감각을 지닌 사람이다. 퍼즐을 디자인하고 만들 때 가장 즐거운 점이 뭐냐고 묻자 이렇게 대답했다. "보통 나는 벽난로 앞 의자에 앉아서 내가 만든 큐브를 맞추고 계시는 아버지의 모습을 떠올립니다. 아버지가 클래식 음악을 틀어놓고 브랜디를 홀짝이면서 즐겁게 큐브를 돌리는 모습을요." 그러고는 "나는 일본에 살아요. 그리고 일본에는 벽난로가 없지요"라고 덧붙였다.

영국의 퍼즐 발명가 **안소니 그린힐**Anthony Greenhill은 2002년에 "어쩔 수 없이 퍼즐 발명에 휘말렸다"고 말한다. 이는 그가 너무 뒤늦게 광적인 큐브 수집가가 되었기 때문인데, 그에게 가장 큰 문제는 큐복타헤드런이나 롬빅 도데카헤드런처럼 변형 큐브를 공장에서 생산된 제품으로 구매하는 것이 매우 어려웠던 시절이었다는 점이다. 그래서 그는 수집용 큐브를 직접 만들기로 결심했다. 얼마 지나지 않아서 그는 더욱 대담한 도전을 하게 되었고, 큐브와 스큐브를 바탕으로 정십이면체·정이십면체·정사면체 모양의 회전식 퍼즐을 직접 제작하기 시작했다. 그는 이를테면 스퀘어-1 큐브를 정십이면체로 변형시키는 것처럼, 기존의 퍼즐 제품을 새롭게 변형하는 방법을 찾아내는 것을 좋아했다. 사실 이는 그의 첫 번째 창작 퍼즐이었으며, 그는 이 퍼즐을 그린힐스 도데카헤드런Greenhill's Dodecahedron이라고 이름 붙였다.

그가 다음에 만든 창작 퍼즐인 그린힐스 5-레이어 스퀘어-1Greenhill's 5 Layer Square-1은 설계를 하기가 매우 어려웠다. 그는 섣불리 제작에 도전했다가 여러 차례 막다른 골목에 다다른 경험을 한 후에야, 스퀘어-1의 코어 구조를 이용한 그린힐스 5-레이어 스퀘어-1의 제작에 성공했다. 그린힐스 테트라헤드런Greenhill's Tetrahedron에도 스퀘어-1의 구조를 사용했으며 이는 내부에 복잡한 코어가 들어가는 어려운 디자인이었다. 이 퍼즐을 섞으면 놀라운 모양들이 만들어져서, "대체 어디서부터 시작해야 하지?"라는 질문이 저절로 나올 것이다.

그린힐스 도데카헤드런

그린힐스 5-레이어 스퀘어-1

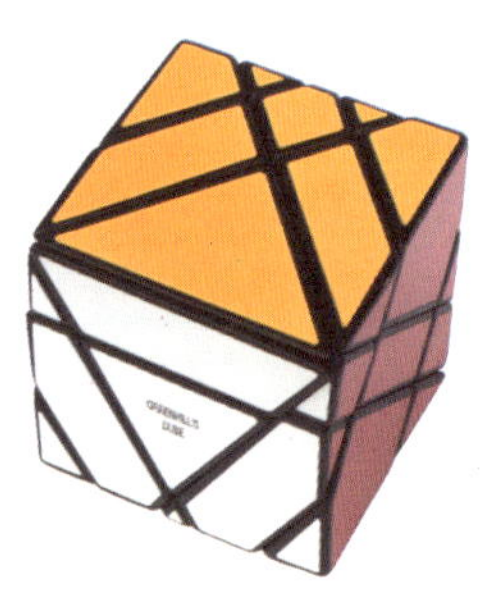

그린힐스 큐브

그린힐스 1

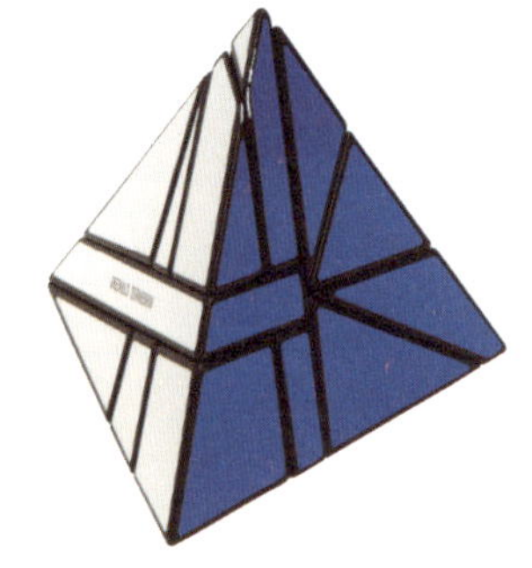

그린힐스 테트라헤드런

그린힐은 이후 완전히 새로운 큐브의 발명에 도전했다. 그는 방 한구석에 두었던 다이아몬드 3×3×3 큐브로부터 그린힐스 큐브Greenhill's Cube를 고안했으며, 이후 그 큐브를 기반으로 다른 큐브를 만들었다. 그는 그린힐스 1Greenhill's 1을 만들 때, 코어 구조를 위해 "스퀘어-1으로 되돌아갔다." 그린힐스 1은 그가 가장 좋아하는 창작 회전식 퍼즐이며, 그 이유는 "처음 보면 작동 원리를 분명히 알기가 어렵지만 겉으로는 단조롭고 간단하게 보이기 때문"이다.

2005년, 미국의 **리 투트**Lee Tutt는 투트밍크스Tuttminx를 만들면서 회전식 퍼즐 디자이너의 세계에 입문했다. 투트밍크스는 정이십면체의 귀퉁이를 자른 축구공 모양의 회전식 퍼즐이다. 그는 컴퓨터로 이 퍼즐을 설계했으며, 이 과정에서 고급 보석류를 제조할 때 사용되는 스테레오 리소그래피stereo lithography 기법을 퍼즐 부품 제작에 활용할 수 있다는 점을 발견했다. 투트는 182개의 외부 부품으로 구성된 이 퍼즐에 사용할 32개의 발을 가진 코어를 직접 디자인하고 만들었다. 이후로 그는 독창적인 회전식 퍼즐 7개를 발명했으며 이외에 다른 회전식 퍼즐 4개를 변형하기도 했다. 그가 발명한 회전식 퍼즐 중 가장 독창적인 것은 펜타고널 프리즘Pentagonal Prism이다. 이 퍼즐의 마분지 견본 모델이 1982년 메퍼트 카탈로그에서 소개된 바 있으나 실제로 제작된 적은 없다.

투트는 자신의 작품 중 디자인이 가장 아름다운 퍼즐로 아이코사밍크스Icosaminx를 꼽는다. 그는 라이언 톰슨Ryan Thompson이 개발한 퍼즐의 아이디어를 가지고 정이십면체 모양으로 확장해 꼭지 부분을 움직일 수 있는 퍼즐을 만들었다. 그가 디자인한 작품 중 가장 복잡한 구조를 가진 것은 홀리 메가밍크스Holey Megaminx이다. 당연하겠지만 그는 제작이 도저히 불가능해 보이는 이 퍼즐을 가장 자랑스러워한다. 그는 오카모토 가츠히코의 보이드 큐브에서 영감을 얻어, 그 큐브처럼 축이 비어 있는 회전식 퍼즐의 메가밍크스판을 설계했다. 홀리 메가밍크스의 기본 구조는 조립할 때 서로 맞물리는 큰 부품 3개를 기반으로 한다. 이러한 구조의 부품은 서로 맞물리게 만들기가 매우 어렵기 때문에 모든 부품이 한 치의 오차도 없이 정밀하게 만들어져야 한다. 이 근사한 퍼즐은 퍼즐 디자인 분야에서 보기 드문 투트만의 정밀 세공 솜씨와 뛰어난 창조성을 보여주는 대표적인 예다.

투트밍크스

홀리 메가밍크스

펜타고널 프리즘

투츠 아이코사밍크스

메퍼트 카탈로그에 수록된 펜타곤

헬리콥터 큐브

슈퍼엑스

3×3×5 큐브

3×3×3 에그

또 다른 미국인 회전식 퍼즐 디자이너 **애덤 코완**은 2005년부터 독창적인 퍼즐 디자인을 시작했다. 첫 작품으로 그는 헬리콥터 큐브를 탄생시켰다. 이 큐브를 섞을 때 180도 회전은 물론 부분 회전으로도 섞을 수 있기 때문에, 처음에 기대했던 것보다 훨씬 흥미로운 퍼즐이 되었다. 이렇게 '마구 뒤섞을 수 있는' 특징 때문에 퍼즐의 난이도는 한 단계 더 높아진다. 그는 특허를 신청한 내부 구조 설계에서 아이디어를 얻어 디자인한 또 다른 작품인 슈퍼엑스Super-X를 발명했다. 슈퍼엑스는 2×2×2 큐브와 디노 큐브의 움직임들을 하나의 큐브에 놀라울 정도로 잘 융합시킨 큐브이다. 코완은 3×3×5 큐브의 부품 모형을 단 한 시간 만에 구상했으며, 당시에는 그저 '호기심'이 드는 퍼즐 정도로 생각했지만 일단 그 큐브를 맞추다보니 예상했던 것보다 훨씬 더 흥미진진한 퍼즐이라고 느끼게 되었다. 그가 만든 3×3×3 에그 3×3×3 Egg는 3×3×3 큐브의 꼭짓점과 꼭짓점을 잇는 대각선을 달걀 모양 퍼즐의 장축 방향으로 옮긴 3×3×3 큐브의 변형 퍼즐이다. 그는 "달걀 모양으로 맞춰지는 아주 흥미로운 퍼즐이며, 표면이 부드럽고 매끈한 곡선으로 되어 있어서 손에 아주 잘 맞는다"고 말한다. 코완은 피셔의 골든 큐브에서 영감을 얻어서 "오직 하나의 해법만이 존재하며, 가장 헷갈리고 어려운 3×3×3 큐브를 만든다"는 목표 아래 최근에 새로운 큐브를 발명했다. 그 결과물은 고스트 큐브Ghost Cube이다. 고스트 큐브는 예상치 못한 각도로 회전하며 층이 서로 삐뚤삐뚤한 구조로 되어 있다. 또한 이 퍼즐은 색상을 맞추는 것이 아니라 모양을 원래 상태대로 맞추는 개념의 퍼즐이다. 코완은 회전식 퍼즐을 디자인하고 직접 만들면서 가장 즐거운 점이 무엇이냐는 질문에 "최고의 순간은 내가 디자인해서 만든 퍼즐을 처음으로 손에 쥘 때이다. 한때 그저 아이디어에 불과했던 퍼즐을 직접 보고 만질 수 있게 되기 때문이다"라고 말했다.

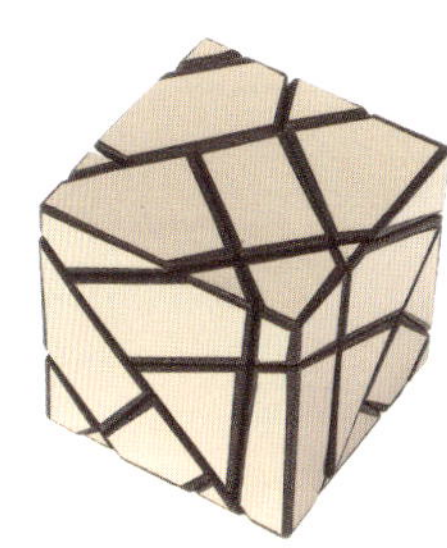

고스트 큐브가 맞춰진 모습

고스트 큐브가 섞인 모습

뉴질랜드의 **매트 셰피트**Matt Shepit는 2006년부터 회전식 퍼즐 디자인을 시작했다. 그의 첫 작품은 UFO 퍼즐을 정십이면체 모양으로 변형한 것이었다. 그러나 그는 나중에 자신보다 먼저 이 퍼즐을 디자인해서 제작한 사람이 있었음을 알게 되었다. 이후로 그는 50개 이상의 회전식 퍼즐을 설계했다. 그는 이 가운데 13개를 실제로 제작했으며, 현재 3개는 마무리 작업을 하고 있다. 그는 '리틀 찹Little Chop'으로도 알려진 24-큐브24-Cube를 가장 자랑스러워한다. 디노 큐브와 달리, 24-큐브는 퍼즐을 절반으로 나누는 6개의 단면 모두를 따라 회전이 가능하다. 셰피트의 말에 따르면 이 퍼즐의 아이디어는 그다지 특별하지 않아서, 이미 1980년대 중반 이래 많은 사람이 이 퍼즐을 제안하고 제작을 시도했다. 하지만 실제로 움직일 수 있는 구조로 설계를 하고 제대로 회전하도록 직접 만든 사람은 그가 최초이다. 이 퍼즐의 복잡성은, 겉으로 보이는 조각의 개수는 고작 24개이지만 내부 부품은 무려 209개라는 점에서 확연히 드러난다. 그가 독특하게 디자인한 또 다른 회전식 퍼즐로는 루아Rua, 데인저 큐브Danger Cube, 치즈블록Cheeseblock이 있다. 루아는 마오리족 말로 '2'라는 의미이며, 셰피트가 이렇게 이름을 지은 이유는 각 면이 2×2로 보이기 때문이다. 이 퍼즐은 면이 회전하는 방식의 롬빅 도데카헤드런(모든 면이 마름모인 십이면체 퍼즐-옮긴이)이다. 데인저 큐브라는 이름은 이 퍼즐을 제작할 때 일어난 사고 때문에 지어졌다. 이 퍼즐은 스퀘어-1 퍼즐에 기초해 만들어졌지만, 그 모양은 가운데가 볼록하고 우아한 정사면체로 되어 있다. 치즈블록은 루빅스 치즈와 비슷하지만 블록 모양으로 생겼기 때문에 붙여진 이름이다. 퍼즐의 개념은 단순하지만, 만드는 과정은 스퀘어-1의 구조를 2×2×2 큐브와 결합하는 문제 때문에 굉장히 까다로웠다. 셰피트는 그 결과물에 아주 흡족해하고 있으며, 이 퍼즐은 그가 설계한 퍼즐 중에서 가장 좋은 평가를 받았다.

마스터 테트라헤드런

기가밍크스

테라밍크스

앤드루 코미어 Andrew Cormier가 2008년 1월부터 회전식 퍼즐을 설계하기 시작했다는 점을 감안하면, 그가 이룬 성과는 정말 놀랍다. 그는 이미 새로운 회전식 퍼즐을 6종이나 디자인하고 만들어냈다. 처음으로 마스터 테트라헤드런Master Tetrahedron과 엘리트 테트라헤드런Elite Tetrahedron을 만들 당시 그는 기존의 방식과 다른 인쇄 및 주조鑄造 방법을 테스트하던 시기였으며, 결국 이 두 퍼즐은 너무 헐겁고 만족스럽지 못했다. 이후 그는 이 두 퍼즐을 다시 설계했으며, 새로운 디자인의 퍼즐은 매우 잘 작동한다. 새로이 설계한 퍼즐들은 헐겁지도 않고 걸림 현상도 전혀 일어나지 않는다. 그가 가장 좋아하는 퍼즐 중 하나는 기가밍크스 v1.5Gigaminx v1.5이다. 이는 메가밍크스를 두 층으로 늘려서 만든 것이다. 실제로 움직이는 기가밍크스를 최초로 설계해 만든 사람은 타일러 폭스Tyler Fox이다. 이 퍼즐이 실물로 만들어진 후, 폭스를 비롯한 여러 사람들이 기가밍크스를 더욱 개선한 다양한 형태로 설계하고 제작했다.

코미어가 가장 좋아하는 작품은 테라밍크스Teraminx이며, 이는 메가밍크스를 3개의 층으로 만든 놀라운 형태의 퍼즐이다. 그는 테라밍크스의 제작을 마쳤을 때 "이 퍼즐은 내 얼굴에 미소를 머금게 한다"고 했다. 이 퍼즐이 무려 542개 외부 조각들로 구성되며, 섞을 수 있는 경우의 수가 1.2×10^{573}가지나 된다는 점을 감안해보면 그의 반응은 어쩌면 당연한 것인지도 모른다.

테라밍크스는 이번 장에서 소개한 큐브 가운데 가장 복잡한 수제 회전식 퍼즐이며, 수십 명의 발명가들이 만든 수백 개의 변형 수제 퍼즐과 새로운 회전식 퍼즐의 논리적 종착점이다.

앞에서 소개한 퍼즐 디자이너들과 각종 퍼즐들은 회전식 수제 퍼즐의 극히 일부분에 불과하다. 캐드CAD와 3차원 금형 프린팅 기술은 새로우면서도 매우 복잡한 설계를 하는 데 대체로 좋은 영향을 주었다. 앞으로도 많은 퍼즐 디자이너와 제작자가 여전히 퍼즐을 손수 기계적으로 조립하고 개조하는 작업을 하겠지만, 지금은 컴퓨터 툴을 이용해 완전히 새로운 설계를 하는 것이 가능해졌다.

퍼즐을 개조하는 작업은 1980년대에 많이 이루어지다가 1990년대 들어 크게 줄었다. 그렇지만 최근 몇 년 동안 새로운 회전식 퍼즐을 발명하거나 기존의 회전식 퍼즐을 개조하는 사람들의 수가 크게 늘었다. 이러한 개조 퍼즐 제작이 다시 크게 늘게 된 가장 큰 원인 중 하나는 웹사이트 twistypuzzles.com/forum의 퍼즐 포럼 때문이다. 웨인 존슨Wayne Johnson이 개설한 이 포럼은 퍼즐 디자이너들끼리 즉석에서 쉽게 대화를 나눌 수 있는 공간이다. 전 세계에서 나온 최신 설계와 완성된 퍼즐에 대한 정보를 공유하는 활동은 퍼즐을 설계하거나 개조하려는 이들의 의욕을 북돋아준다.

Chapter 4

모든 큐브퍼즐의 해법

웨이화 황, 디터 헵하르트

서론

이 장에서는 현재 생산되는 모든 회전식 큐브퍼즐의 해법을 소개할 것이다. 일단 가장 흔한 퍼즐인 3×3×3 큐브로 시작한 다음 2×2×2부터 7×7×7에 이르는 다양한 크기의 큐브를 다룰 것이다.

3×3×3 큐브의 해법에서는 필요할 때마다 삽화를 곁들여서 자세히 설명한다.* 우리는 큐브퍼즐을 한 번도 맞춰본 적이 없는 초보자(어쩌면 바로 당신)가 큐브 맞추기에 성공할 수 있도록 해법을 만들었다. 또한 이 해법에서는 3×3×3 큐브를 맞추기 위해 필요한 용어와 기호, 회전 순서들을 소개하는 것은 물론 앞으로 더 크고 복잡한 큐브를 맞추기 위해 반드시 알아야 할 기본 공식들을 소개할 것이다.

독자들은 3×3×3 큐브를 맞춰가면서, 모든 종류의 큐브퍼즐에 사용되는 기본적인 공식들을 배우게 될 것이다. 3×3×3 큐브 해법에서는 이러한 공식들을 하나하나 상세하게 설명할 것이지만, 좀 더 큰 큐브로 진도가 나아가면 그림을 줄이면서 이전 과정을 참고하도록 할 것이다. 현재 시중에 나와 있는 다른 많은 해법들과 달리, 우리가 만든 해법은 모든 크기의 큐브에 쉽게 적용된다. 그리고 동일한 기본 순서를 모든 종류의 큐브에 적용할 수 있을 것이다. 각 큐브는 큐비|cubie (이하 조각)라고 하는 개별적으로 움직이는 작은 입방체들로 구성된다(엄밀하게 말하자면 큐브 조각이 실제로 6면체인 것이 아니라 큐브 전체의 외관상으로 6면체처럼 보이는 것이다). 큐브가 커질수록, 조각의 수도 증가한다. 다음 쪽의 상단에 나온 표는 각 큐브 종류별로 움직일 수 있는 조각의 수를 보여준다. 따라서 이는 해당 큐브퍼즐을 맞추기 위해 올바른 위치에 올바른 방향으로 자리를 잡아야 하는 조각의 수이기도 하다.

이렇게 별표가 된 상자에서는 큐브를 맞추면서 더 많은 정보를 얻고 싶어하는 독자들이 관심을 가질 만한 소소한 정보를 담는다. 이런 정보가 해법에서는 특별히 필요하지 않지만, 여러 내용을 더 잘 이해하도록 도울 것이다.

큐브의 크기	움직일 수 있는 조각의 수
2×2×2	8
3×3×3	20
4×4×4	56
5×5×5	92
6×6×6	152
7×7×7	212

홀수 칸으로 이루어진 큐브의 경우, 왼쪽의 움직일 수 있는 조각의 수에서 중앙 조각 6개는 제외되어 있다. 몇 가지 실험을 통해 중앙 조각들이 (각각 상대적으로) 움직이는 것은 절대로 불가능하다는 것을 보여줄 것이다. 그러나 스티커에 색깔 대신 그림이 그려져 있는 큐브의 경우 중앙 조각들이 돌아가 있는 방향이 중요하다. 중앙 조각의 방향을 전환하는 방법은 뒤에서 설명할 것이다.

용어 설명

다음에 나오는 용어들은 큐브를 이해하고 맞출 때 매우 중요하다. 이 용어들은 앞으로 소개할 각종 공식에서 계속 사용되므로(또한 영어를 사용하는 전 세계의 많은 사람들이 큐브를 거론할 때 사용하므로), 해법을 따라 하기 전에 꼭 익숙해져야 한다.

큐브: 퍼즐. 큐브는 회전할 수 있는 여러 **층**으로 구성되어 있다. 각 층은 여러 개의 **큐브 조각**들로 이루어진다. 큐브는 2×2×2, 3×3×3, 4×4×4는 물론 더 큰 크기까지 다양하게 만들 수 있다.

조각: 큐브에서 가장 작은 외부 부품이다. 하나의 조각에는 다양한 색상의 스티커가 3개(**귀퉁이 조각**)나 2개(**모서리 조각**)나 1개(**중앙 조각**)씩 붙어 있다. 예를 들어서 3×3×3 큐브의 조각은 26개(귀퉁이 조각 8개, 모서리 조각 12개, 중앙 조각 6개)이다.

면: 큐브의 여섯 면 중 하나. 이 책에서는 큐브의 여섯 면을 U(윗면), D(아랫면), F(앞면), B(뒷면), L(왼쪽 면), R(오른쪽 면)로 지칭한다. 큐브가 다 맞춰지면, 각 면에 자리 잡은 모든 조각의 색(혹은 그림의 일부)은 같을 것이다.

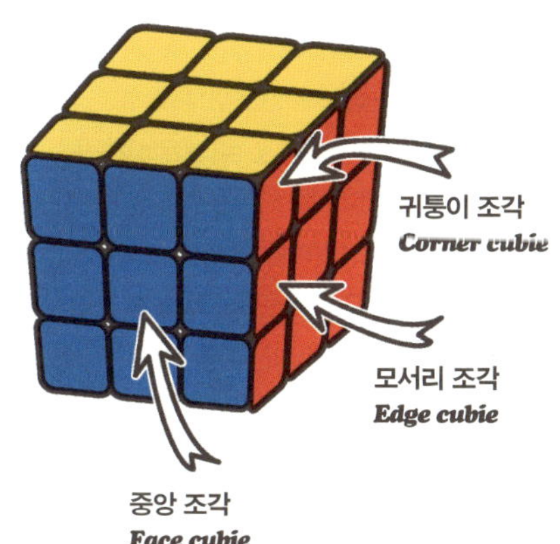

세 가지 기본 큐브 조각들

귀퉁이 조각
Corner cubie

모서리 조각
Edge cubie

중앙 조각
Face cubie

6개의 면

'B'는 '아래Bottom'가 아니라 '뒤Back'의 줄임말이다. B라는 글자가 나온 부분에서, 헷갈리지 않도록 조심하기 바란다.

(이렇게 물음표가 달린 정보 상자에서는 사람들이 흔히 헷갈리는 내용을 설명하거나 많은 사람이 실수하는 점을 명료하게 짚고 넘어간다.)

여기에서 용어 정의를 한 조각은 각 그림에서 노란색으로 표시되어 있다.

중앙 조각: 큐브의 안쪽 면에 있는 조각들이다. 이 조각들에는 각각 한 색상의 스티커만 붙어 있다. 3×3×3 큐브에서는 중앙 조각이 각 면에 하나씩 밖에 없으며, 이 조각들은 모두 정중앙 조각이기도 하다.

5×5×5 큐브의 중앙 조각들

5×5×5 큐브의 정중앙 조각

정중앙 조각: 각 면의 가장 가운데에 있는 중앙 조각이다. 홀수 칸으로 된 큐브(3×3×3, 5×5×5, 7×7×7 등)에만 존재한다. 정중앙 조각들은 아무리 움직여도 항상 정중앙에 위치한다. 즉 서로 상대적인 위치 변경이 불가능하다. 따라서 나머지 조각들이 모두 뒤섞여 있는 경우라도, 언제나 정중앙 조각은 색상의 배열 상태가 올바른지 판단하는 기준으로 활용된다.

귀퉁이 조각: 큐브의 귀퉁이에 있는 조각들이다. 한 귀퉁이 조각에 색상 스티커 3개가 붙어 있다. 귀퉁이 조각은 모든 종류의 큐브퍼즐에 8개씩 있다.

3×3×3 큐브의 귀퉁이 조각들

4×4×4 큐브의 모서리 조각들

모서리 조각: 큐브의 모서리에 있는 조각들이다. 한 모서리 조각에 2개의 색상 스티커가 붙어 있다. 모서리 조각은 3×3×3 큐브에서는 12개이고, 2×2×2 큐브에는 아예 없으며, 큐브가 커질수록 그 수가 더 많아진다.

중앙모서리 조각: 모서리의 가운데에 있는 조각이다. 3×3×3 큐브에서는 모든 모서리 조각이 중앙모서리 조각이므로, 굳이 이 용어를 사용하지는 않을 것이다.

5×5×5 큐브의 중앙모서리 조각

5×5×5 큐브의 옆모서리 조각

옆모서리 조각: 중앙모서리 조각이 아닌 모서리 조각이다. 4×4×4 큐브처럼 짝수 칸으로 된 큐브에서는 모든 모서리 조각이 옆모서리 조각이다.

조각의 명칭 vs 위치의 명칭*: 위치란 조각들이 움직일 수 있는 자리를 말하며, 일반적으로 해당 조각이 자리 잡고 있는 곳의 면들을 이용해 명칭을 정한다. 예를 들어서, 'UF 위치'(혹은 'UF 모서리')는 윗면과 앞면에 걸쳐 있는 모서리 조각의 자리이다. 반면 'UF 조각'은 설령 현재는 그 조각이 다른 위치에 있더라도, 큐브가 맞춰진 상태에서는 UF 위치에 있어야 하는 조각이다.

UF 조각이 FR 위치에 있다.

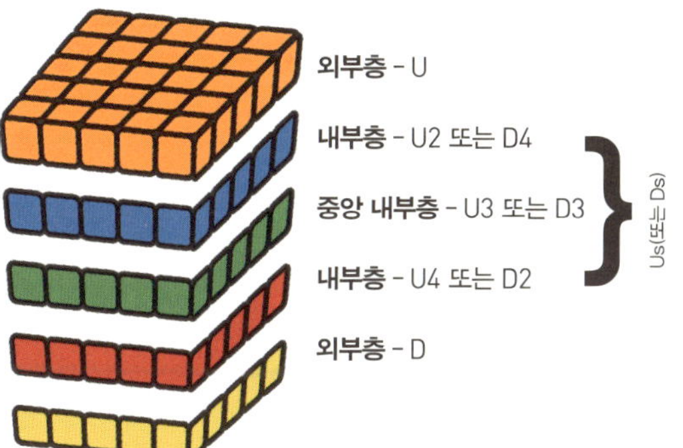

외부층 – U

내부층 – U2 또는 D4

중앙 내부층 – U3 또는 D3

내부층 – U4 또는 D2

외부층 – D

Us(또는 Ds)

5×5×5 큐브의 U층과 D층(및 관련 층)

층: 함께 회전하는 조각들의 최소 덩어리이다. (한 면 전체를 포함하는) 외곽에 있는 층에는 수로 해당 면에 따라 이름을 붙이며(예를 들어 'U층'), 이외에 다른 층을 '내부층'이라고 부른다.

내부층: 외부층이 아닌 층이다(위 그림 참고). 홀수 칸으로 된 큐브는 하나의 '중앙 내부층'이 있다. 이 책에서는 평행한 외부층의 면을 기준으로 내부층에 번호를 붙이고(예를 들어 'U2'), 하나의 집단으로서 모든 내부층들을 그 방향과 평행한 외부층의 면에 소문자 's'를 붙여서(예를 들어 'Fs') 표시한다.

회전: 한 층을(혹은 4×4×4 이상의 큐브에서 여러 층을 한 덩어리로) 돌리는 것을 말한다. 이 책에서는 이 단어를 이따금 통상적으로 큐브를 돌린다는 의미로도 사용할 것이다. 예를 들어 'UFR 귀퉁이가 DFL 귀퉁이가 되도록 큐브를 회전한다.'

턴: 일부 큐비스트들은 이 단어를 두 층 사이에 있는 층에서 한 층의 90도 회전을 의미하는 특수 용어로 사용한다. 내부층을 90도 회전하는 것은 2턴이고, 외부층을 180도로 회전하는 것도 2턴이다.(국내에서는 '턴'이라는 용어를 '회전'과 혼용해서 사용하며, 내부층의 회전을 2회전으로 보느냐 1회전으로 보느냐는 상황에 따라 미리 약속해서 정한다. 이 책에서는 원문의 번역에 충실하기 위해 턴이라는 용어로 별도로 구분해서 사용했다.–옮긴이)

몇몇 책은 위치의 명칭과 조각의 명칭을 정할 때 글자의 순서를 아주 엄격하게 지킨다. 주된 이유는 조각의 방향 돌리기나 뒤집기 때문이다(다음 쪽 참조). 예를 들어 'UFR 위치'와 'FRU 위치'는 동일하지만 조각의 방향이 다르다. 어쨌든 이 책에서는 이러한 순서에 별로 구애를 받지 않는다는 점을 알려둔다.

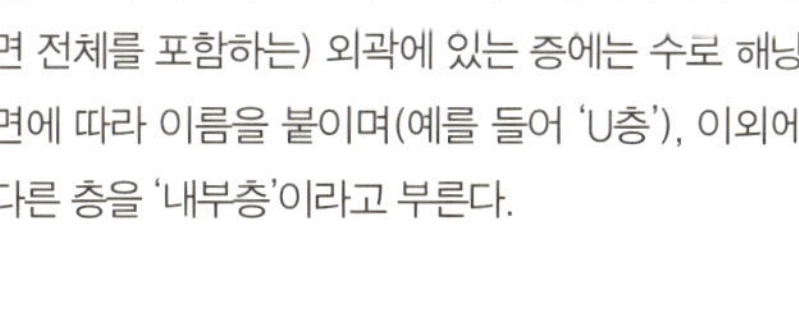

일부 큐비스트들은 내부층의 90도 회전을 2턴으로 본다.

이 책 3.6항의 K₁ 공식*

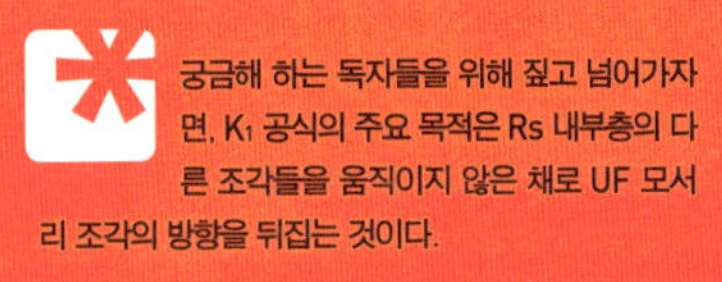

공식: 예상되는 방식으로 큐브를 맞춰가는 일련의 회전들을 말한다. 큐브를 맞추는 해법의 대부분은 각 조각의 위치(와/또는 방향)를 찾은 다음 일정한 순서대로 공식을 사용해서 바른 위치로 이동시키는 과정이다. 대체로 공식들은 그 큐브에서 맞추고자 하는 부분이 아닌 다른 부분이 섞이는 것은 신경 쓰지 않으면서 관심이 있는 부분만을 맞춰가는 것에 중점을 둔다. 이 책에서는 섞이는 것에 신경을 쓸 필요가 없는 부분을 위의 그림에서와 같이 회색으로 표시한다.

이 그림에서 UFR 조각은 올바른 위치에 놓여 있지만 방향은 바르지 않다.

올바른 위치에 놓인 상태: 조각이 본래의 정확한 위치에 자리 잡은 상태를 말한다. 예를 들어서 UFR 귀퉁이 조각(윗면, 앞면, 오른쪽 면 색상 스티커가 붙어 있는 조각)이 UFR 위치(윗면, 앞면, 오른쪽 면 모두에 걸쳐 있는 귀퉁이 위치)에 있으면, 올바른 위치에 놓인 것이다. 그러나 조각이 바른 위치에 있더라도 아직 '방향이 올바르지 않을' 가능성이 있다.

이 그림에서 UFR 조각은 올바른 방향으로 놓여 있지만 위치가 바르지 않다.

올바른 방향으로 놓인 상태: 해당 면의 색상과 맞게 조각의 방향이 맞추어진 상태를 말한다.(일반적으로 이 용어는 올바른 위치에 놓인 조각에만 사용된다. 그렇지 않으면 의미가 약간 모호해지기 때문이다. 그러나 때때로 왼쪽 그림에서처럼 한 면의 색이 맞춰진 상태를 지칭하기도 한다.) 모든 조각의 위치와 방향이 올바르게 되어 있어야, 큐브가 다 맞춰진다.

방향 돌리기: 귀퉁이 조각을 동일한 위치에 둔 상태로 세 색상 스티커의 위치가 바뀌도록 조각의 방향을 돌려준다.

방향 뒤집기: 중앙모서리 조각을 동일한 위치에 둔 상태로 두 색상 스티커의 위치가 서로 바뀌도록 조각의 방향을 뒤집어준다.

UFR 조각의 방향 돌리기

FR 조각의 방향 뒤집기

언뜻 가능하게 여겨지겠지만, 옆모서리 조각은 절대로 방향 뒤집기를 할 수 없다. 4.3항에서 그 이유를 설명할 것이다.

3×3×3
큐브
맞추기

막 이 책을 읽기 시작한 독자라면, 바로 앞에서 서너 쪽에 걸쳐 나온 '용어 설명'을 먼저 읽어두는 것이 좋다. 그래야 여기에서 설명하는 내용을 확실히 이해할 수 있다.

전체적인 해법소개*

3.1

한 층에서 귀퉁이 조각을 맞춘다.

A 공식

3.2

그 층에서 모서리 조각을 맞춘다.

E 공식

3.3

남은 귀퉁이 조각을 맞춘다.g

C 공식과 A 공식

3.4

반대쪽 층의 모서리 조각을 맞춘다.

G 공식

3.5

남은 모서리 조각을 올바른 위치로 옮겨놓는다.

H 공식

3.6

남은 모서리 조각을 올바른 방향으로 돌려놓는다.

K 공식

우리가 고안한 해법은 배우기가 아주 편하고 기억하기가 쉽지만, 큐브 기록을 세우려는 목적으로 배우기에는 그리 적합하지 않다. 큐브를 빠르게 맞추는 방법을 배우고자 한다면 많은 공식과 해법들을 외워야 한다. 기록 단축을 위한 해법들은 가장 적은 수의 면을 가장 적은 수의 회전만으로 움직여서 맞출 수 있도록 최적화되어 있기 때문에 큐브를 적게 돌려도 된다는 장점이 있다. 하지만 그런 해법만 보면 각 공식들이 사용되는 이유를 이해하기가 힘들다. 이와 달리 우리가 이 책에서 소개하는 해법은 각 공식들을 사용하는 '이유'와 '원리'를 쉽게 이해할 수 있게 되어 있다. 우리는 이를 통해 독자들이 큐브 맞추는 법을 앞으로 오랜 세월 동안 기억할 수 있기를 바란다. 그러므로 스피드 큐빙 분야에 관심이 있는 독자라면, 다른 해법이 소개된 여러 홈페이지들을 꼭 방문해볼 것을 권유한다. 물론 우리가 이 책에서 소개하는 해법을 다 읽고 난 후에 말이다.

3.0
큐브의 이해

대부분의 큐비스트들은 큐브를 왼손에 들고 오른손으로 각 면을 돌리는 경향이 있다.* 그러므로 이 책은 주로 위층U, 앞층F, 오른쪽 층R을 돌리도록 유도할 것이다. 따라서 이 책에 제시되는 기본 그림은 오른쪽에 나온 대로 U면, F면, R면을 가장 잘 보여주도록 되어 있다.

현재 다양한 제조회사가 각기 다른 색 조합으로 큐브를 생산하고 있어서, 큐브마다 붙어 있는 스티커의 색상이 다르다. 때문에 독자의 큐브에 붙어 있는 스티커들과 색상이 비슷하지만 배치는 다르게 된 큐브로 설명을 하면 헷갈릴 것이다. 따라서 이 책에서는 현재 시판되는 제품에서 잘 사용하지 않는 색상으로 큐브의 여섯 면을 구분하고, 설명과 딱히 관계가 없는 면인 경우에는 회색으로 표시할 것이다.

하늘색	보라색	갈색	연두색	분홍색	황토색	회색

일부 왼손잡이는 큐브 전체를 왼쪽으로 돌려서 잡는다. 따라서 '앞' 면이 왼쪽을 향하고 '오른쪽' 면이 맞추는 사람을 향하게 된다.

한 번씩 큐브의 다른 세 면―아랫면D, 왼쪽 면L, 뒷면B―을 언급해야 할 때도 있다. 세 면을 묘사할 때는, 왼쪽 그림과 같이 날개가 펼쳐진 모양으로 표시할 것이다. 그러니 이처럼 큐브에서 보이지 않는 면은 부분적으로 펼쳐진 상자라고 생각하면 이해하기가 쉬울 것이다.

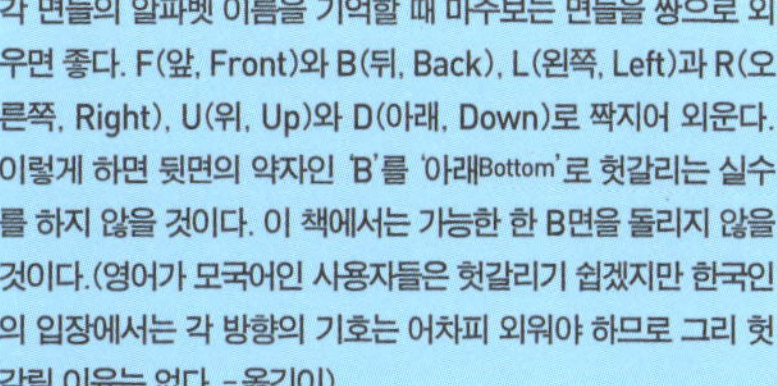

각 면들의 알파벳 이름을 기억할 때 마주보는 면들을 쌍으로 외우면 좋다. F(앞, Front)와 B(뒤, Back), L(왼쪽, Left)과 R(오른쪽, Right), U(위, Up)와 D(아래, Down)로 짝지어 외운다. 이렇게 하면 뒷면의 약자인 'B'를 '아래Bottom'로 헷갈리는 실수를 하지 않을 것이다. 이 책에서는 가능한 한 B면을 돌리지 않을 것이다.(영어가 모국어인 사용자들은 헷갈리기 쉽겠지만 한국인의 입장에서는 각 방향의 기호는 어차피 외워야 하므로 그리 헷갈릴 이유는 없다. ―옮긴이)

U와 D의
회전 표기*

U↺: 위층을 시계 반대 방향으로 90도 돌린다.

U↻: 위층을 시계 방향으로 90도 돌린다.

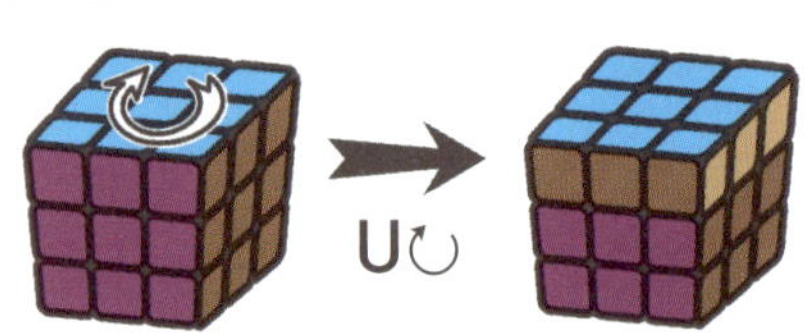

U↺↺: 위층을 180도 돌린다. 이는 U↻↻과 동일하다. 노란색으로 표시된 화살표는 화살촉이 2개라는 점에 유의하자.

D→: 아래층을 오른쪽으로 90도 돌린다*(밑에서 올려다보면 시계 방향).

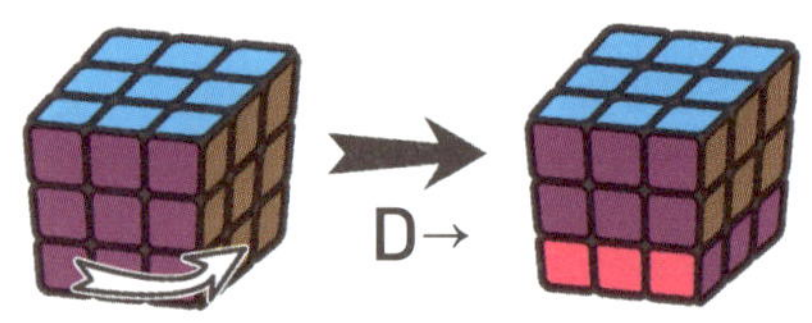

D←: 아래층을 왼쪽으로 90도 돌린다(밑에서 올려다보면 시계 반대 방향).

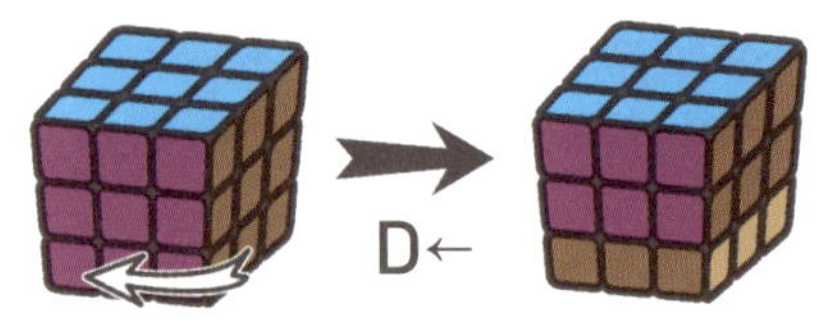

D→→: 아래층을 180도 돌린다. 이는 D←←와 동일하다.

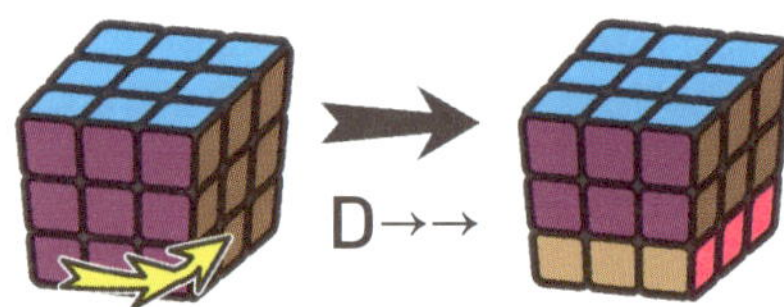

"

R↑: 오른쪽 면을 위(시계 방향)로 90도 돌린다.

R↓와 R↑↑(그림 생략): 위와 동일한 원리가 적용된다.

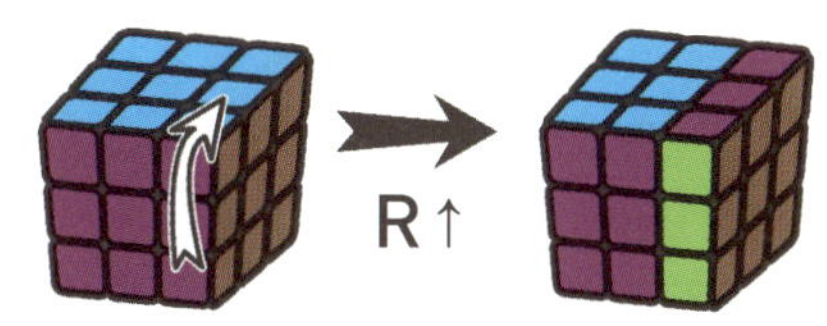

F↺: 앞면을 시계 방향으로 90도 돌린다.

F↺와 F↺↺(그림 생략): 위와 동일한 원리가 적용된다.

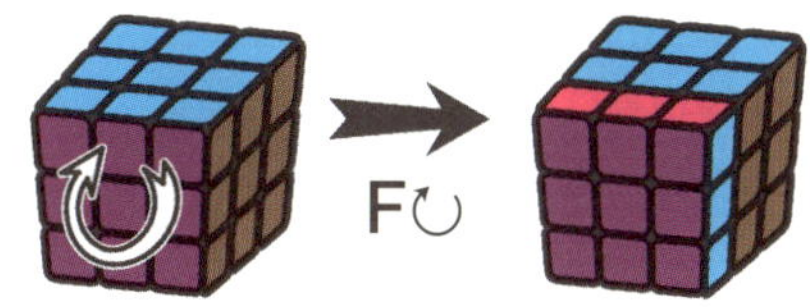

Us→: 위에서 두번째 층을 오른쪽으로 90도 돌린다. 위에서 두번째 층은 밑에서 두번째 층과 같으므로, Us→는 Ds→와 동일하다. 이처럼 사이에 낀 층을 '내부층'이라고 부른다.

Us←와 Us→→(그림 생략): 위와 동일한 원리가 적용된다.

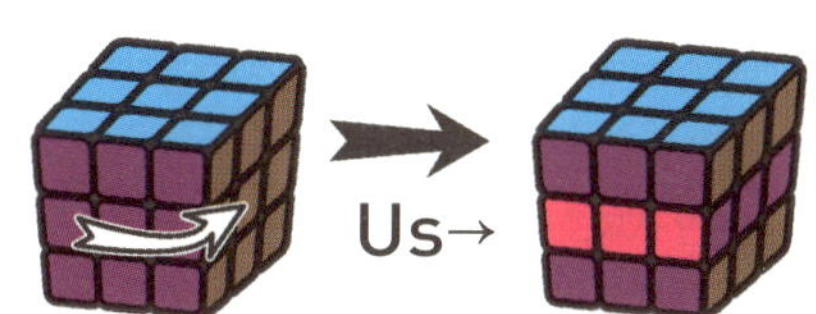

Rs↑: R층과 L층 사이의 내부층을 위로 90도 돌린다.

Rs↓와 Rs↑↑(그림 생략): 위와 동일한 원리가 적용된다.

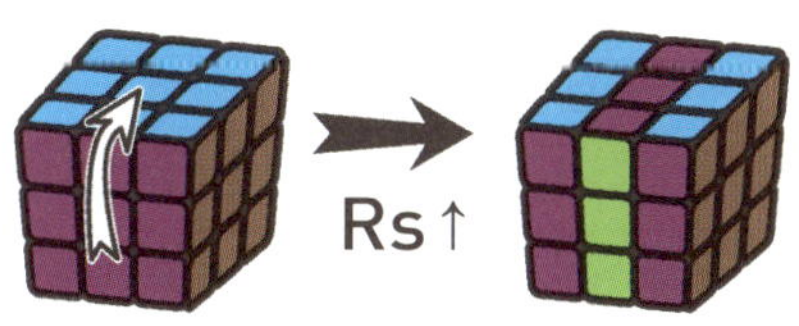

Fs↺: F층과 B층 사이의 내부층을 시계 방향으로 90도 돌린다.

Fs↺와 Fs↺↺(그림 생략): 위와 동일한 원리가 적용된다.

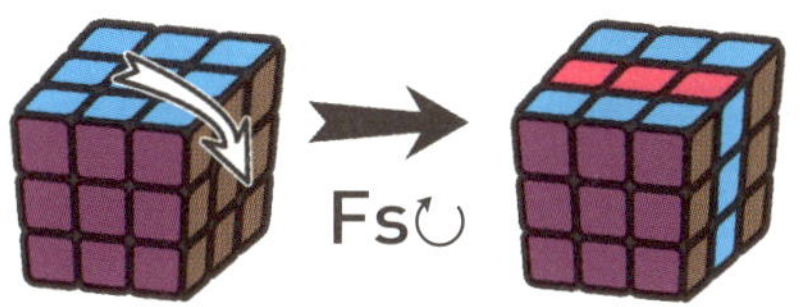

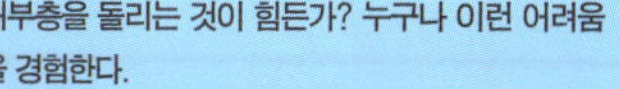

내부층을 돌리는 것이 힘든가? 누구나 이런 어려움을 경험한다.

내부층 회전은 큐브 동호인들이 그리 좋아하지 않는 회전이다. 이렇게 된 이유는 크게 두 가지 측면에서 볼 수 있다. 첫째, 스피드 큐빙 선수들이 내부층 회전을 싫어하는 이유는 손가락 한 개로 빠르게 움직일 수 없기 때문이다. 둘째, 이론가들이 내부층 회전을 싫어하는 이유는 회전 표기를 간단하게 하기 위해 정중앙 조각을 항상 고정해두고자 하기 때문이다.

그러나 큐브를 이해하려고 노력하는 초보자에게 내부층 회전은 아주 유용한 회전이다. 이유는 간단하다. '내부층 회전은 귀퉁이 조각들을 헝클어뜨리지 않는 회전이기 때문'이다. 3×3×3 큐브는 귀퉁이 조각 8개와 모서리 조각 12개만 맞추면 된다. 따라서 모서리 조각에만 영향을 주는 회전을 하면, 초보자들이 각 공식들을 더욱 쉽게 따라할 수 있으며 공식의 원리를 잘 이해할 수 있다. 이는 3×3×3보다 더 큰 큐브를 점차 배워나갈 때 더욱 유용해진다.

다음 쪽에서 내부층 회전을 더 소개한다.

내부층
회전
쉽게 하기

내부층 회전을 그림으로 그려서 보이는 것은 아주 쉽다. 하지만 실제로 쉽고 깔끔하게 회전시킬 수 없다면 그리기 쉽다는 것만으로는 아무런 의미가 없을 것이다.

따라서 내부층을 돌리는 방법을 간단하게 소개한다.

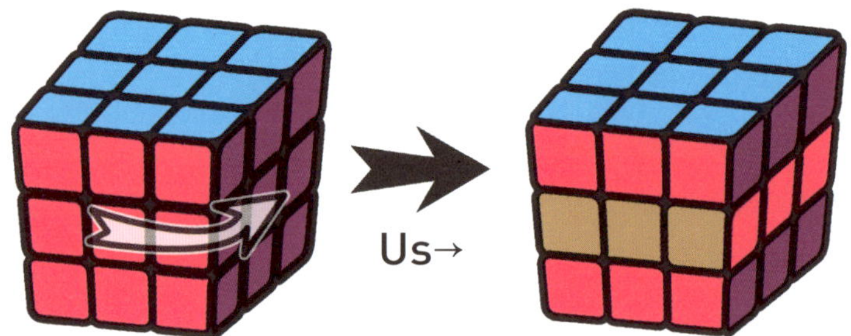

Us→를 하려면, 오른손으로 Us층과 D층(아래층)을 쥐고 왼손으로 U층을 안정되게 움켜준다. 오른손 집게손가락과 가운뎃손가락을 Us층과 D층에 위치시키고, 오른손 엄지손가락을 두 층의 가운데 지점에 위치시켜 잡는다.

Us층과 D층을 한꺼번에 오른쪽으로 90도 회전시킨다.

큐브를 그대로 잡은 채로, 오른손 엄지손가락을 밑으로 약간 옮기고 오른손 집게손가락의 힘을 뺀다.

이제 오른손 엄지손가락과 가운뎃손가락만을 이용해서 D층을 왼쪽으로 되돌린다. 이때 왼손의 네번째 손가락을 내려서 받쳐주면 Us층이 돌아가지 않는다.

위와 같은 두 번의 회전을 조합하면 Us→ 내부층 회전을 정확하게 할 수 있다. 이 회전 동작(그리고 다음 쪽에 나오는 회전)이 손에 익어서 자연스러워질 때가지 여러 번 연습해보자.

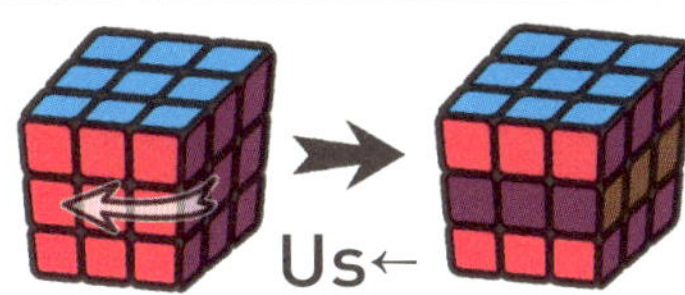

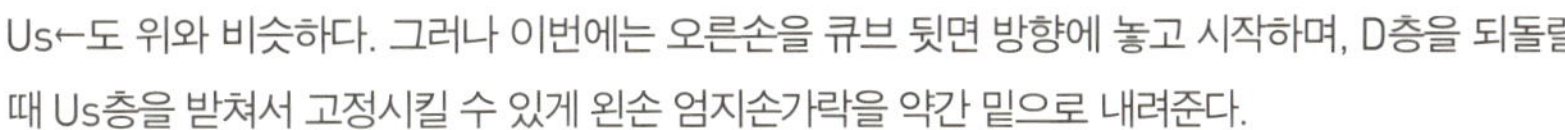

Us←도 위와 비슷하다. 그러나 이번에는 오른손을 큐브 뒷면 방향에 놓고 시작하며, D층을 되돌릴 때 Us층을 받쳐서 고정시킬 수 있게 왼손 엄지손가락을 약간 밑으로 내려준다.

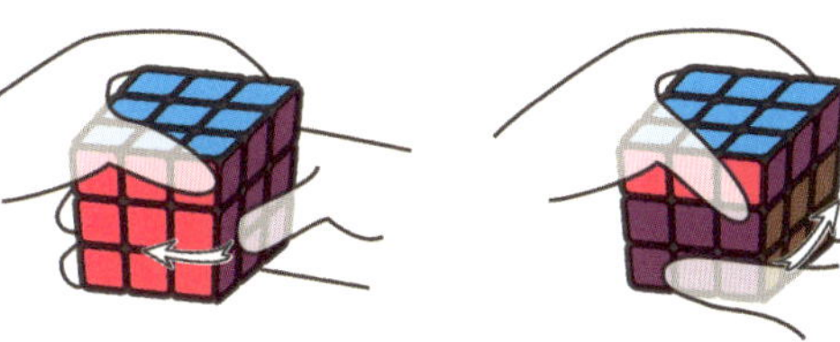

Rs↑는 왼손으로 왼쪽 층을 잡고 오른손으로 Rs층과 R층을 한꺼번에 위로 돌리고 난 후, 오른손을 약간 옆으로 빼서 R층을 쥐고 내린다. 동일한 동작을 반대 순서대로 하면 Rs↓가 된다.

Fs↺는 동작을 하기가 약간 힘들다. 여기에는 두 방법이 있다. 하나는 Us층, Rs층의 이동과 유사한 방법으로, 왼손으로 한 면을 안정되게 잡고 오른손은 앞뒤로 연속 회전을 하면 된다. 또는 아래의 방법으로 할 수도 있다.

왼손으로 L층을 잡되, Fs 내부층에는 닿지 않게 한다.

오른손을 '집게' 모양으로 만든다. 엄지손가락은 DR 모서리 조각의 D면(아랫면) 쪽에 얹고 집게손가락과 네번째 손가락을 각각 UFR 귀퉁이 조각과 BFR 귀퉁이 조각의 U면(윗면)에 놓는 모양이다.

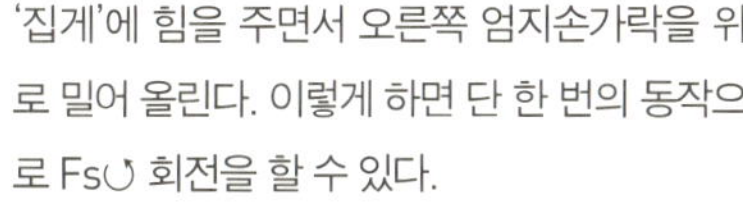

'집게'에 힘을 주면서 오른쪽 엄지손가락을 위로 밀어 올린다. 이렇게 하면 단 한 번의 동작으로 Fs↺ 회전을 할 수 있다.

(Fs↻를 하려면, 엄지손가락이 UR 모서리조각의 위치로 가도록 '집게' 위아래를 반대로 하여 큐브를 잡은 다음, Fs↺과 같은 방법으로 '집게'에 힘을 주면서 엄지손가락을 내려준다.)

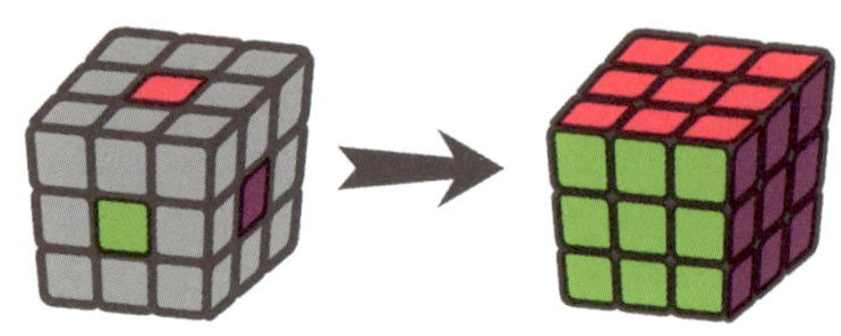

3.1
한 층에서 귀퉁이 조각 맞추기

3×3×3 큐브는 큐브를 모두 맞추었을 때 색상 배열과 중앙 조각의 색상이 똑같다. 즉, 모든 조각들의 색상 배열을 각 면의 중앙 조각 색상과 동일하게 하면 큐브가 다 맞춰진다.

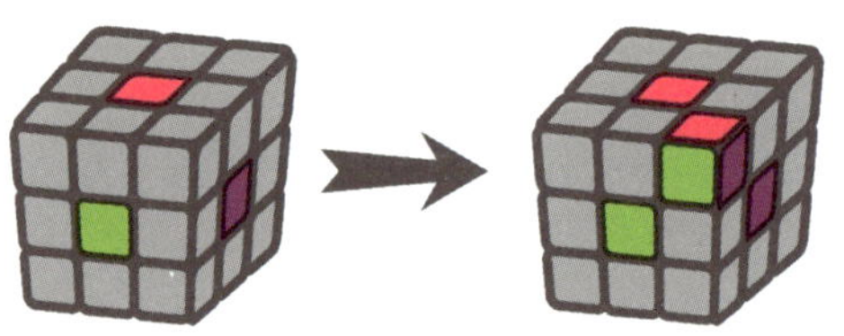

3.1.0
첫번째 귀퉁이 조각 맞추기

하지만 처음인 만큼 일단 귀퉁이 조각 하나를 위치와 방향을 정확하게 맞춰서 중앙 조각 옆에 오게 하는 간단한 목표를 가지고 시작해보자. 먼저 이를 혼자 요령껏 해보자. 이 연습은 큐브의 특성에 익숙해지는 좋은 기회이다.

Let's try it!
이쯤에서 이렇게 느낌표가 달린 상자의 용도를 설명해야겠다. 이런 상자는 잠시 멈춰서 배운 내용을 복습하고 스스로의 성과에 만족할 수 있는 '중간 점검 지점'을 의미한다.

귀퉁이 조각을 맞추는 방법은 몇 가지가 있지만 그중 대부분의 사람들이 사용하지 않는 방법 하나를 아래에 소개한다.

중앙 조각에 맞춰서 귀퉁이 조각을 이동하는 대신, 귀퉁이 조각에 맞춰서 중앙 조각을 이동한다.

큐브를 들고, U면(윗면)과 F면(앞면)과 R면(오른쪽 면)에 걸쳐 있는 UFR 귀퉁이 조각을 찾자. UFR 귀퉁이 조각에서 위쪽의 색을 확인하자(왼쪽 그림에서는 분홍색이다). 그 색과 동일한 중앙 조각을 찾아보자.

그 중앙 조각이 R면이나 D면이나 L면에 있으면, 그 조각이 U면으로 오도록 Fs↻를 반복하기만 하면 된다.

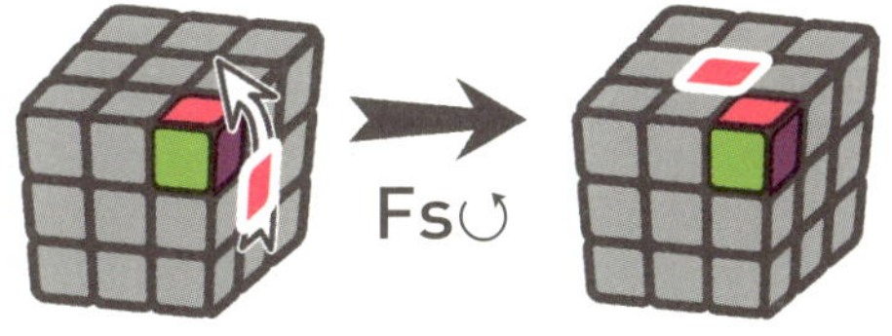

그 중앙 조각이 F면이나 D면이나 B면에 있으면, Rs↑를 반복하기만 하면 된다.

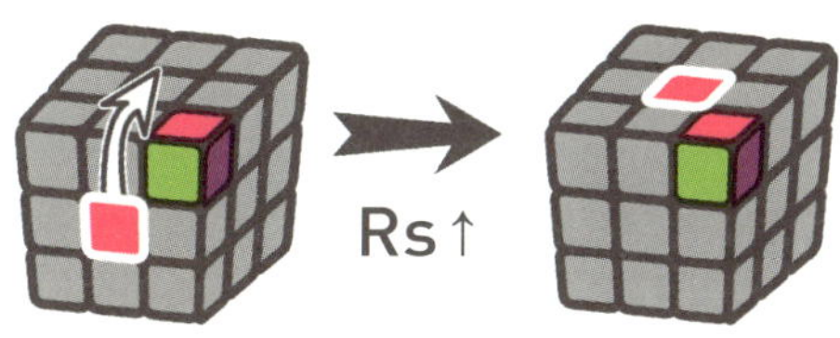

U면의 조각이 제 위치에 오면, F면 중앙 조각의 색과 R면 중앙 조각의 색이 UFR 귀퉁이 조각과 같아질 때까지 Us→를 반복한다.

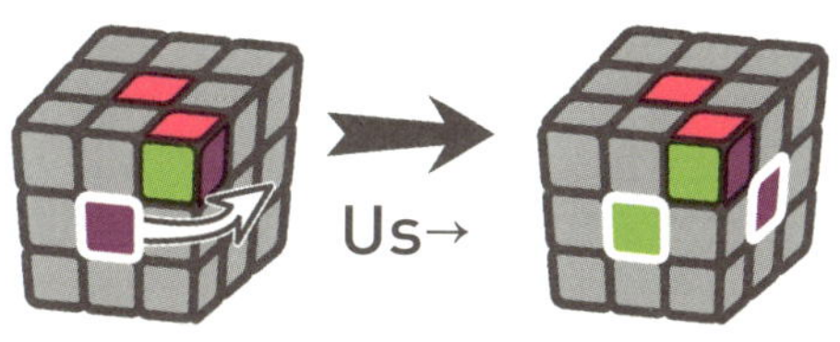

혹시 고개를 갸우뚱하는 독자가 있을까봐 짚고 넘어가자면, 왼쪽의 첫번째 칸과 두번째 칸의 설명에 모두 D면이 들어간 것은 오타가 아니다.

Great!
이제 UFR 조각이 올바른 위치(그리고 올바른 방향)에 있다. 그러면 다른 귀퉁이 조각으로 옮겨 가보자. 이제부터는 다른 방법이 더 필요하다.

누군가 큐브의 스티커를 바꿔서 붙여놨을 경우, Us→를 아무리 반복해도 F면 중앙 조각의 색과 R면 중앙 조각의 색이 UFR 귀퉁이 조각과 맞지 않을 가능성이 있다.(중앙 조각에 캡이 있는 큐브의 경우 캡의 위치를 잘못 끼우면 이런 일이 자주 일어난다.─옮긴이)

UFR 조각이 UFL 조각이 되도록, 위에서 볼 때 시계 방향으로 '큐브 전체'를 돌려 잡는다.

　　다음 목표는 (새로운) UFR의 위치에 가야 하는 귀퉁이 조각을 찾아서 그 자리로 옮기는 것이다. 이 새로운 귀퉁이 조각은 U면과 F면의 색(예로 든 그림에서는 분홍색과 보라색)으로 되어 있어야 하며, 세번째 색은 새로운 R면의 색(예로 든 그림에서는 하늘색)과 동일해야 한다. 이 조건에 맞는 귀퉁이 조각을 찾았다면, UFL 조각이 현재 위치에서 다른 곳으로 섞이지 않게 하고 또한 중앙 조각들도 움직이지 않게 하면서 해당 조각을 제자리인 UFR 위치로 이동시킬 수 있는 방법을 고민해보자. 방법을 못 찾겠다면 (혹시 스스로 그 방법을 찾았더라도) 다음에서 제시한 방법을 읽어보자.

3.1.1
UFR 귀퉁이 조각 맞추기

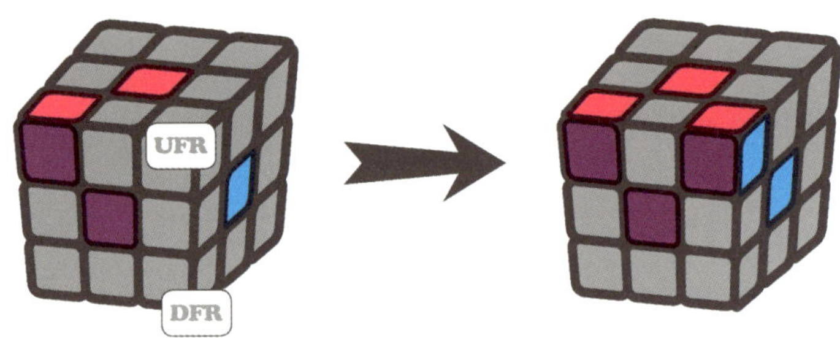

UFR 위치의 색으로 된 귀퉁이 조각이 아직 올바른 위치에 와 있지 않다면, 그 조각을 먼저 DFR의 위치에 둬야 한다. 이는 필요할 때 B면(뒷면)과 R면(오른쪽 면)과 D면(아랫면)만 돌린다면 이미 맞추어진 UFL 조각을 섞지 않고도 할 수 있다. 아래에서 방법을 설명한다.

맞춰야 할 조각이 아래층에 있는 경우, D→(아래층을 오른쪽으로 돌리기)를 반복하기만 하면 결국 DFR 위치로 온다.

맞춰야 할 조각이 UBR 위치에 있는 경우, R↓↓를 하면 DFR 위치로 온다.

맞춰야 할 조각이 UBL 위치에 숨어 있는 경우, B면(뒷면)을 180도 돌려서 아래층에 오게 한 다음 아래층을 돌려서 DFR 위치에 오게 한다.

이제 해당 조각이 DFR 위치에 있다. UFR 조각과 DFR 조각을 서로 바꾸는 간단한 순서를 소개해보겠다(자리가 바뀌는 과정을 확실하게 파악하도록, 아래 그림에서 두 귀퉁이 조각의 각 면을 하나의 색상으로 표시했다).

$$A_1 = R{\downarrow}\ D{\leftarrow}\ R{\uparrow}\ D{\rightarrow}$$

이는 이 책에서 소개하는 첫번째 유용한 공식이다.
이 공식을 A_1이라고 부르자.

All right!
이제 당신은 첫번째 공식을 배웠다. 원한다면 이 공식을 몇 번 연습해보자. 우리는 뒤에서 이 공식을 다시 만나게 될 것이다.

4회전짜리 공식인 A₁을 사용하면, 맞춰야 할 귀퉁이 조각을 어려움 없이 DFR에서 UFR(올바른 위치)로 옮길 수 있다. 그러나 UFR로 옮겨놓은 조각의 방향이 올바른 방향이 아닐 수도 있다. 이럴 때는 어떻게 해야 할까?

정답: A₁ 공식을 단순 반복하면, UFR 조각을 시계 반대 방향으로 돌리는 공식을 유도해낼 수 있다. 이를 A₂ 공식이라고 부르자(오른쪽에 나온 주황색 상자 참조).

A₁ 공식을 한 번 써준 뒤에도, UFR 조각의 방향이 여전히 올바르지 않은 경우에는 A₁을 한 번 더 사용하면 올바른 방향으로 고쳐줄 수 있다. A₁ 공식을 두 번 사용하면 A₂ 공식을 한 번 사용한 셈이 된다.

$$A_2 = A_1 \, A_1 =$$
$$R\downarrow \ D\leftarrow \ R\uparrow \ D\rightarrow$$
$$R\downarrow \ D\leftarrow \ R\uparrow \ D\rightarrow$$

A₂ 공식을 한 번 써준 뒤에도, UFR 조각의 방향이 여전히 올바르지 않는 경우에는 A₂를 한 번 더 사용하면 올바른 방향으로 고쳐줄 수 있다.

Well done!
이제 UFR 조각은 올바른 위치와 올바른 방향으로 되어 있으며, (앞에서 이미 맞춰놓은) UFL 조각과 색이 맞을 것이다.

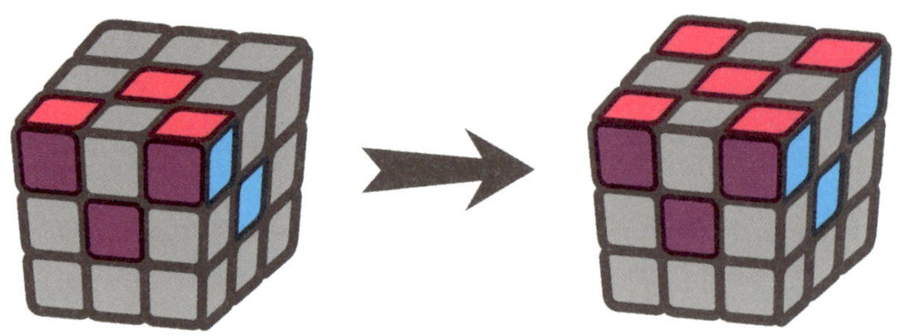

3.1.2

U층의 나머지 귀퉁이 조각 맞추기

UFL 귀퉁이 조각과 UFR 귀퉁이 조각을 올바르게 맞추고 나면, U면을 기준으로 (아래 그림과 같이) 큐브 전체를 시계 방향으로 90도 돌려 잡아서 지금까지 맞춘 귀퉁이 조각 2개(윗면에서 앞면에 걸쳐져 있던 귀퉁이 조각들)가 윗면과 왼쪽 면에 걸쳐져 있도록 만든다.

 UFR 귀퉁이 조각을 제자리에서 시계 반대 방향 돌리기를 하려면 8회전(A_2)을 해야 하지만, 시계 방향 돌리기를 하려면 16회전($A_2 A_2$)을 해야 하는 게 이상하다고 여기는 사람도 있을 것이다. 그러나 A_2 공식을 역순으로 하면, 제자리에서 8회전만으로 시계 방향 돌리기를 할 수 있다.

역-A_2 = D← R↓ D→ R↑ D← R↓ D→ R↑

또한 앞 쪽의 F/R 대칭 공식 유도 기법을 언급한 상자에서 설명했던 바와 같이 아직까지는 D층에 있는 다른 귀퉁이 조각들이 어떻게 되든 신경 쓰지 않아도 되므로, 이 두 가지를 결합하면 단 6회전만으로 귀퉁이 조각을 제자리에서 방향 돌리기 할 수 있다.

응용 A_2 = F↺ D← F↺ R↓ D← R↑(UFR 조각을 제자리에서 시계 반대 방향 돌리기)

역-응용 A_2 = R↓ D→ R↑ F↺ D→ F↺(UFR 조각을 제자리에서 시계 방향 돌리기)

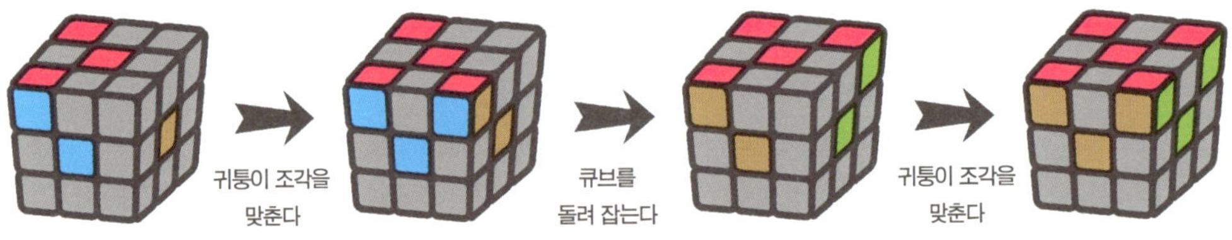

이렇게 하면 F면과 R면에 걸쳐져 있는 귀퉁이 조각이 새로운 색의 귀퉁이 조각이 되므로, UFR 위치에 다시 새 조각을 맞춰 넣어야 한다. 앞에서 새 UFR 귀퉁이 조각을 맞출 때 한 이동 방법(해당 조각을 DFR 위치에 놓은 다음에, 그 조각의 위치와 방향이 바르게 될 때까지 필요한 만큼 A_1/A_2를 반복)을 다시 사용하면 된다.*

이 과정을 다시 반복하면(큐브 전체를 돌려 잡아가며 새로 UFR 귀퉁이 조각 맞추기), U면에 있는 마지막 귀퉁이 조각까지 다 맞출 수 있다.

<table>
<tr><td></td><td>귀퉁이 조각을
맞춘다</td><td></td><td>큐브를
돌려 잡는다</td><td></td><td>귀퉁이 조각을
맞춘다</td><td></td></tr>
</table>

Great!

이제 한 면의 귀퉁이 조각을 모두 맞췄다. 다음에는 그 면의 나머지 조각들을 맞출 것이다.

3.2
같은 층의 모서리 조각 맞추기

U층에 '빈자리'(올바른 조각으로 채워 넣어야 할 위치) 4개가 생겼다. 다음 목표는 그 자리에 알맞은 조각을 채워 넣는 것이다. 큐브를 살펴보고 U면에 와야 하는 색상(예로 든 그림에서는 분홍색)을 갖고는 있지만 U층이 아닌 곳에 있는 모서리 조각을 찾아보자. Us 내부층이나 D층을 돌려서 맞추려는 조각이 아래 그림에 나온 두 위치 중 한 곳에 오게 하자.

맞추려는 조각이 Us 내부층에 있으면, Us 내부층을 돌려서 그 조각이 FR 모서리 위치로 오게 한다.(지금 단계에서는 중앙 조각 색상은 신경 쓰지 않아도 된다.)

맞추려는 조각이 D층에 있으면, D층을 돌려서 그 조각이 FD 모서리 위치에 오게 한다.

맞추고자 하는 모서리 조각을 살펴보고 해당 조각에서 맞추려는 윗면의 색상이 아닌 나머지 면의 색상을 확인한다. 그 색을 보면 U층에서 그 조각이 들어가야 하는 '빈자리'를 알 수 있다. U층을 돌려서 '빈자리'가 UF 모서리 위치에 오게 한다. 오른쪽에 나온 예에서는 (FD 모서리 위치에 있는) 모서리 조각에 보라색 스티커가 달려 있으므로, 보라색이 가야 할 '빈자리'(흰색 윤곽선으로 표시한 부분)는 UF 모서리 위치이다.

이제 여러분의 큐브는 맞추려는 모서리 조각의 위치와 방향이 아래 그림 넷 중 하나와 동일해야 한다.

① 　② 　③ 　④ 

이미 맞춰놓은 큐브의 다른 조각을 섞이지 않게 하면서 맞추려는 모서리 조각을 '빈자리'에 넣을 수 있는지 살펴보자(아주 어려울 것이다). 해답은 다음 쪽에 있다.

$E_1 = Us\rightarrow \; F\circlearrowright \; Us\leftarrow\leftarrow \; F\circlearrowright$
$E_2 = Us\rightarrow \; F\circlearrowright \; Us\leftarrow \; F\circlearrowright$
$E_3 = F\circlearrowright\circlearrowright \; Rs\uparrow \; F\circlearrowright\circlearrowright \; Rs\downarrow$
$E_4 = Rs\uparrow \; F\circlearrowright \; Rs\downarrow \; F\circlearrowright$

여기에서는 우리가 사용할 공식 4개를 소개한다. 아래의 왼쪽 그림에서 여러분의 큐브와 동일한 모서리 조각 배치 상태를 찾은 다음, 해당 공식을 사용해 UF 모서리 조각을 맞추자.

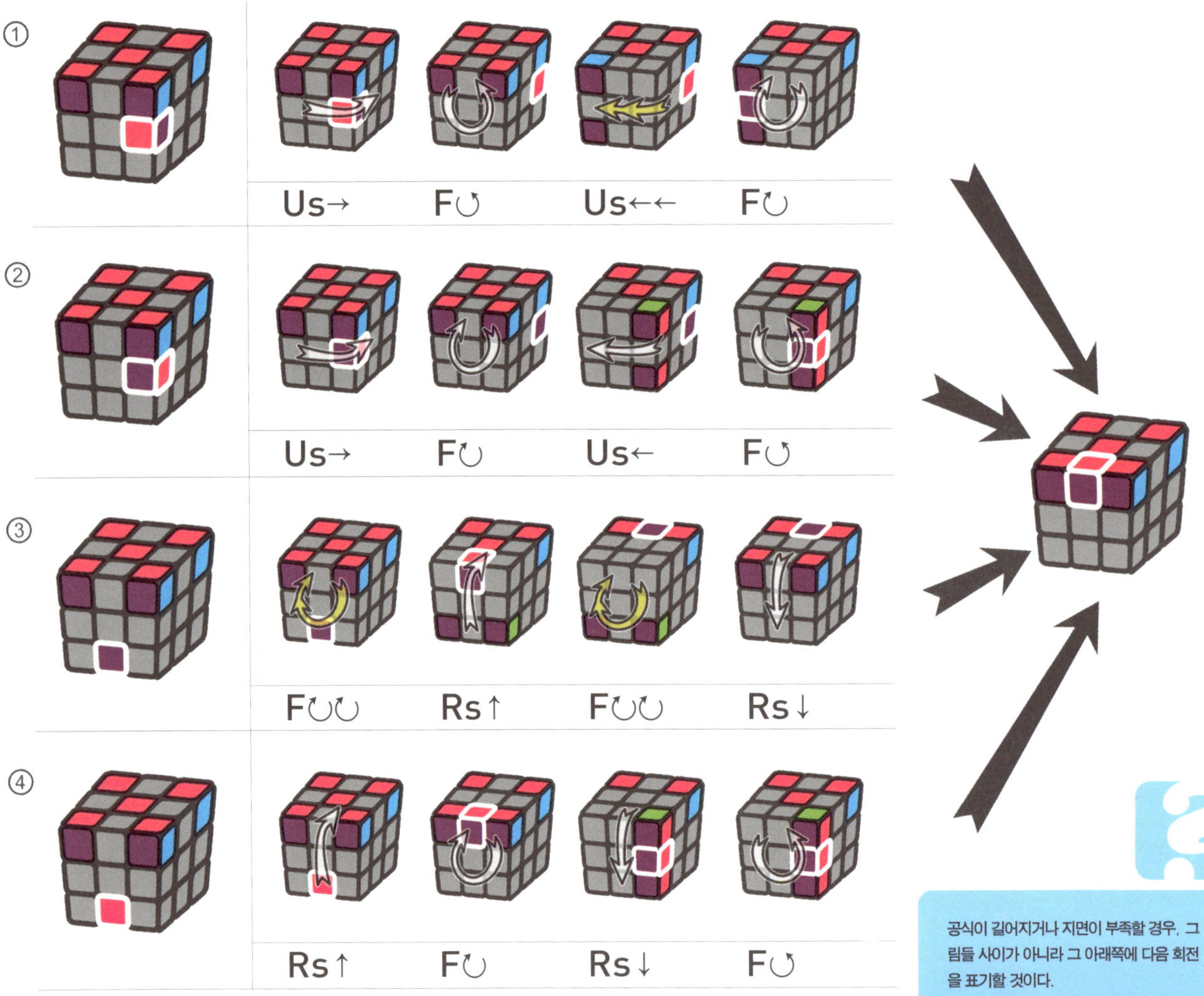

① 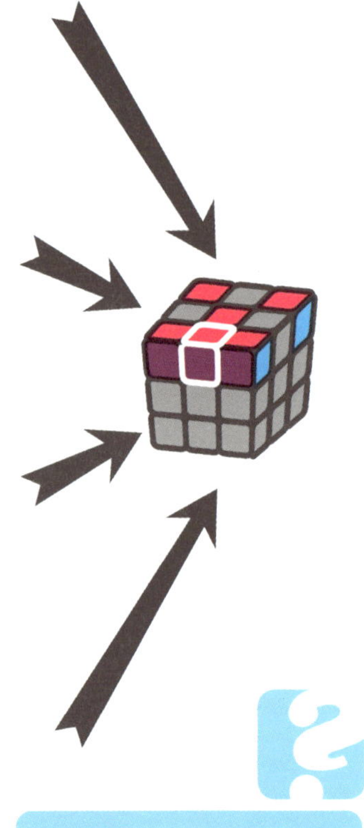

| | Us→ | F↻ | Us←← | F↻ |

② Us→ F↻ Us← F↻

③ F↻↻ Rs↑ F↻↻ Rs↓

④ Rs↑ F↻ Rs↓ F↻

U층의 나머지 모서리 조각을 맞추려면, 앞의 과정을 단순히 반복하기만 하면 된다.

 U면의 색상을 가지고 있지만 아직 올바른 위치에 있지 않은 다른 모서리 조각을 찾는다(왼쪽 그림에서는 BR 위치에서 U층의 색상인 분홍색을 가진 모서리 조각이 보인다).

Us←

모서리 조각이 FR 혹은 FD 위치에 올 때까지 Us층이나 D층을 돌려준다(여기서는 분홍색-연두색 모서리 조각이 FR 위치로 옮겨졌다).

U↺

알맞은 '빈자리'가 UF 위치에 올 때까지 U층을 돌려준다(여기서는 분홍색-연두색이 있는 귀퉁이 조각 2개가 '빈자리' 양 옆을 에워싸고 있다).

E₁

앞 쪽의 'E' 공식 중에서 알맞은 공식을 사용하면, 모서리 조각이 하나 더 맞춰질 것이다.*

U층의 색상을 가진 모서리 조각들이 이미 U층에 와 있더라도, 위의 그림처럼 위치나 방향이 잘못되어 있을 수도 있다. 이런 상황이라면, 그 모서리 조각을 UF 위치에 놓고 앞에 나온 'E' 공식 중 하나를 사용하면 된다. 그러면 U층에서 잘못 들어가 있던 그 모서리 조각이 다른 층으로 뽑혀 나오므로, 이제 앞에서와 같은 정상적인 방법으로 맞출 수 있게 된다.

이런 상황은 3.4항에서 나올 'G' 공식을 사용해 해결해볼 수도 있다.

이제 모든 모서리 조각에 이 과정을 반복하면, 순식간에 모서리 조각 4개를 다 맞출 수 있다.

Congratulation!

이제 한 층 전체를 다 맞췄다. 스스로의 성과에 만족스러워 해도 좋을 시간이다. 이제 다음 단계를 준비하기 위해, 이미 완성해놓은 U층이 D층이 되도록 큐브 전체를 위아래로 뒤집어 잡는다.

 고급 수준에 다다른 사람이라면 'E' 공식이 언제나 가장 빨리 맞출 수 있게 해주는 공식이 아니라는 점을 알아차릴 것이다. 예를 들어, 이 책에 나온 E₄ 공식 대신 F↺ Us→ F↺ 공식이 더 빠르다는 점이야 명백하다. 그럼에도 우리가 'E' 공식을 소개하는 이유는, 공식들 사이의 유사성과 반복성 덕분에 기억하기가 더 쉽기 때문이다. 큐브 조각을 머릿속에서 움직여보는 것이 어느 정도 능숙해진다면, 모서리 조각을 먼저 FR이나 DR 위치로 옮길 필요도 없이 바로 UF 위치로 옮길 수 있는 이동 방법도 찾아내보자.

3.3
남은 귀퉁이 조각 맞추기

앞에서 완성한 U층이 D층이 되도록 큐브를 뒤집으면, 이제 새로운 U층에는 맞춰지지 않은 귀퉁이 조각 4개가 등장한다(앞의 과정이 제대로 끝났다면 그 귀퉁이 조각들은 그 자리에 올 수밖에 없다). 아마도 각 조각의 위치는 올바르지 않을지도 모른다. 또한 설령 올바른 위치에 있다 하더라도, 색상이 올바른 방향으로 되어 있지 않을 가능성도 있다. 따라서 먼저 귀퉁이 조각들을 올바른 위치로 옮길 것이다. 그 다음에 각 조각들의 방향까지 올바르게 맞춰볼 것이다.

3.3.1
남은 귀퉁이 조각을 올바른 위치로 옮기기

먼저 윗면에 와야 할 색깔을 알아내야 한다. 이는 간단하다. 윗면의 중앙 조각 색상(예에서는 갈색)이 바로 그것이다. 윗면에 있는 귀퉁이 조각 4개를 살펴보고 각 귀퉁이 조각에서 윗면의 색이 어느 방향으로 향해 있는지를 확인한다.*(위층의 모서리 조각에는 아직 신경 쓰지 않아도 된다. 모서리 조각을 맞추는 방법은 3.4항에서 설명할 것이다.)

이제 윗면으로 정해진 색상이 아닌 '다른' 색상을 귀퉁이 조각 4개에서 살펴본다. 다른 색상 하나가 공통적으로 들어 있으면서 동시에 '같은' 선상에 있는, 즉 대각선으로 떨어져 있지 않은 귀퉁이 조각 한 쌍을 찾는다. 아래 예에 나온 대로 이 색상을 보라색이라고 해보자. 보라색으로 된 중앙 조각이 앞면에 오도록 큐브를 돌려 잡은 후, 보라색을 가진 귀퉁이 조각들이 모두 앞면으로 오도록 U층과 D층을 돌려준다.

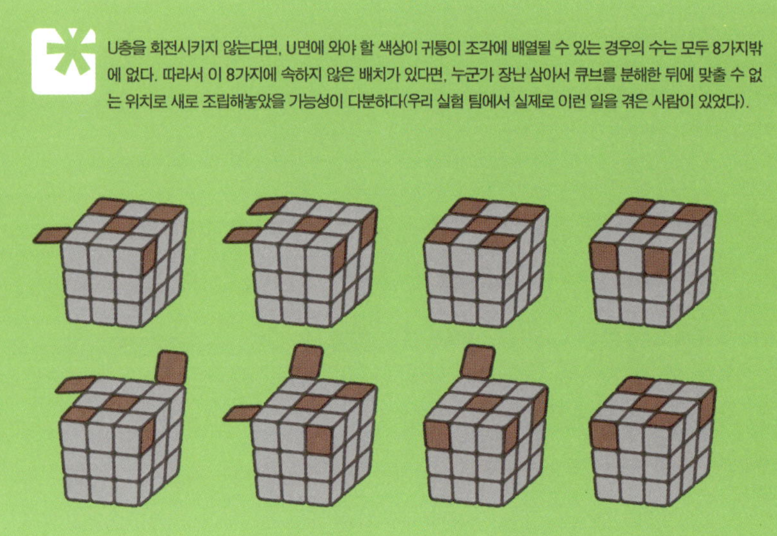

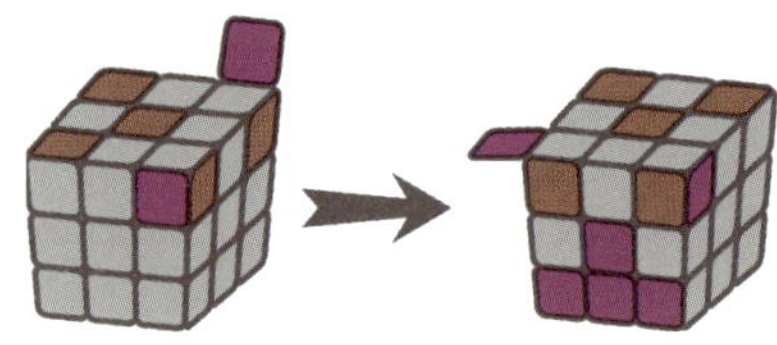

이제 UFL 귀퉁이 조각과 UFR 귀퉁이 조각이 올바른 위치(색의 방향과 상관없이)에 있는지, 아니면 서로 위치가 바뀌어야 하는지를 확인해야 한다. UFR 조각의 3가지 색을 살펴본다. 지금까지 모든 방법을 제대로 따라 했다면, 하나는 U면의 색(예에서는 갈색)이고 다른 하나는 F면의 색(예에서는 보라색)일 것이다. 세번째 색은 무엇인가? 이 색이 R면의 색(오른쪽 면의 중앙 조각이나 아래에 있는 조각들의 색상을 확인하면 알 수 있다)인가? 그렇다면 UFR 조각이 바른 위치에 있는 셈이다(그러나 아직은 각 색상의 방향이 다른 쪽을 향하도록 해당 귀퉁이 조각의 방향 돌리기를 해주어야 할 수도 있다). 만약 UFR 조각의 세번째 색이 R면의 색과 맞지 않으면, 아래의 C 공식을 사용해서 UFR 조각과 UFL 조각의 위치를 서로 바꿔준다.

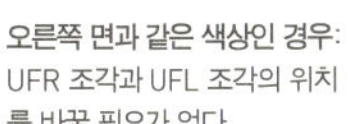

오른쪽 면과 같은 색상인 경우: UFR 조각과 UFL 조각의 위치를 바꿀 필요가 없다.

오른쪽 면과 다른 색상인 경우: UFR 조각과 UFL 조각의 위치를 서로 바꿔주어야 한다.

$$C = F\circlearrowleft\ U\circlearrowright\ F\circlearrowleft\ U\circlearrowright\ R\uparrow\ U\circlearrowright\ R\downarrow$$

F⟲ U⟳ F⟲ U⟳ R↑ U⟳ R↓

UFL 조각과 UFR 조각의 위치가 올바르게 배치되었다면, 위층의 다른 두 조각(UBL과 UBR)을 살펴봐야 한다. 이 두 귀퉁이 조각 역시 위치를 서로 바꿔주어야 할 수도 있기 때문이다. 이 조각들의 위치를 확인하려면, 윗면이 위를 향하게 유지한 상태로 큐브를 180도 돌려 잡으면 된다.

관련된 귀퉁이 조각의 움직임을 확실히 보여주려고 각각의 귀퉁이 조각 전체를 한 가지 색상으로 표시했다.

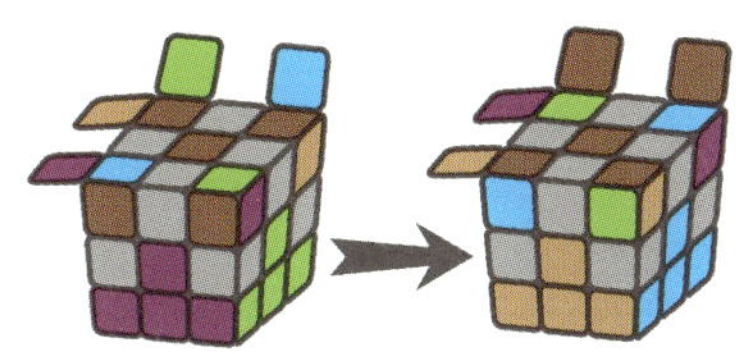

이제 UBL과 UBR 귀퉁이 조각이 UFR과 UFL 조각의 위치로 왔다. 이 조각들의 위치를 서로 바꿔주어야 하는지를 확인해본다. 바꿔야 한다면, 다시 C 공식*을 사용해서 두 조각의 위치를 서로 맞바꿔준다.

C 공식을 두 번 사용하는 대신, F⟲ U⟳ R↑ U⟳ R↓ F⟲ 공식을 사용하는 방법도 있다. 이 공식을 쓰면 앞쪽 귀퉁이 조각 2개와 뒤쪽 귀퉁이 조각 2개의 위치가 서로 동시에 맞바뀐다. 물론 이렇게 하려면 처음 앞쪽의 귀퉁이 조각 위치를 바꿔주기 전에, 뒤쪽 귀퉁이 조각들의 위치까지 동시에 살펴봐야 한다.

Well done!

이제 귀퉁이 조각들이 모두 올바른 위치에 있다. 이번에는 이 조각들이 올바른 방향을 향하도록 해주는 단계로 넘어가보자.

3.3.2
남은 귀퉁이 조각의 방향 바로잡기

여기에서는 간단한 방법을 사용해서, 귀퉁이 조각 4개의 색을 바른 방향으로 돌리는 방법을 소개한다. 처음 해보면 큐브가 엉망으로 뒤섞여버리는 것 같기 때문에 약간 겁이 날 것이다. 따라서 본격적으로 들어가기 전에 자신감을 북돋는 활동을 먼저 해보자.

3.1.2항에서 나온 A_2 공식을 기억하는가? A_2를 연달아서 3번 사용하면, 큐브는 공식을 사용하기 전의 상태와 '정확히 동일한' 상태로 돌아온다. 그러면 이제 아래 공식을 따라 해보자.

$$A_2\ A_2\ A_2 = R\downarrow\ D\leftarrow\ R\uparrow\ D\rightarrow\ R\downarrow\ D\leftarrow\ R\uparrow\ D\rightarrow$$
$$R\downarrow\ D\leftarrow\ R\uparrow\ D\rightarrow\ R\downarrow\ D\leftarrow\ R\uparrow\ D\rightarrow$$
$$R\downarrow\ D\leftarrow\ R\uparrow\ D\rightarrow\ R\downarrow\ D\leftarrow\ R\uparrow\ D\rightarrow$$

이 단계에서는 아래층이 어떻게 되고 있는지 도저히 파악 불가능할 정도로 완전히 뒤섞이게 될 것이다. 하지만 정확하게 이 단계를 수행하면 결국엔 모든 조각이 원래 맞춰둔 상태로 되돌아오게 된다는 사실을 알게 될 것이다. A_2 공식을 안정적으로 쓸 수 있을 만큼 몇 번 더 반복해서 연습해보자.

이제 자신감이 생겼는가? 좋다. 그러면 계속해보자.

A_2 공식의 중요하면서도 유용한 특징은 U층의 나머지 조각들을 전혀 움직이지 않으면서, UFR 귀퉁이 조각 하나만을 제자리에서 시계 반대 방향 돌리기 할 수 있다는 것이다.(U층이 아닌 곳의 일부 다른 조각은 섞이게 되지만, A_2 공식을 두 번 더 연속으로 사용하면 나머지 조각들 또한 모두 제자리로 되돌아온다.)

그리고 A_2를 '두 번' 연속 사용하면 UFR 귀퉁이 조각을 제자리에서 두 번 시계 반대 방향 돌리기 해주는 셈이 된다. 이는 그 귀퉁이 조각을 한 번 시계 방향 돌리기 해준 것과 같은 결과를 얻을 수 있다.

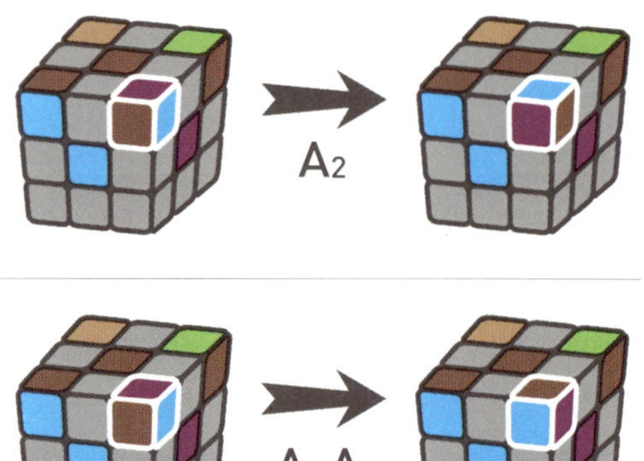

따라서 A₂를 세 번 사용하는 사이에 U층을 몇 회전해준다면, 방향 돌리기를 해주어야 하는 위층의 귀퉁이 조각들을 원하는 대로 다룰 수 있다. 즉, U층을 회전시키지 않은 상태에서 A₂를 세 번 연속 사용하는 것이 아니다. 귀퉁이 조각의 방향이 맞춰지는 상황을 보면서 U층을 회전시켜가며 A₂를 세 번 사용하는 것이다. 예를 들어서 살펴보자.

이 큐브에서는 (UFR에 있는) 갈색-하늘색-보라색 귀퉁이 조각을 한 번 방향 돌리기 해주고 (UBR에 있는) 갈색-연두색-보라색 귀퉁이 조각은 두 번 방향 돌리기를 해주어야 한다.

A₂

먼저 A₂ 공식을 사용하면서 시작한다. 이렇게 하면 UFR에 있는 갈색-하늘색-보라색 귀퉁이 조각이 (한 번) 방향 돌리기 되면서 정확하게 맞춰진다.(아래 두 층에서 검정색으로 표시된 조각들이 엉망으로 섞이겠지만, 이는 전혀 걱정할 필요가 없다.)

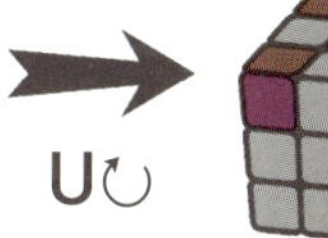 

U↺

그런 다음에 U↺를 해서 갈색-연두색-보라색 귀퉁이 조각을 UFR의 위치로 옮긴다.

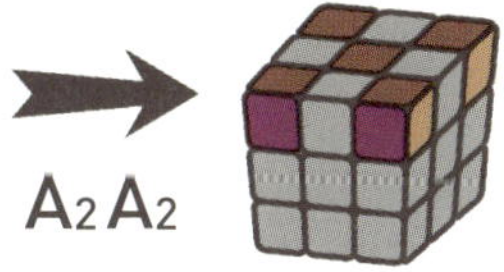

A₂ A₂

그리고 이제 A₂ A₂ 공식을 사용한다. 이렇게 하면 UFR에 있는 갈색-연두색-보라색 귀퉁이 조각이 두 번 방향 돌리기 되면서 조각이 정확하게 맞춰진다. 이제 모든 귀퉁이 조각이 방향이 올바르게 되었으며 (A₂를 세 번 했기 때문에) 큐브의 나머지 조각들은 이 과정을 시작할 때와 정확히 동일한 위치로 되돌아갔을 것이다.

위의 과정을 잘 기억하도록 하기 위해 남은 귀퉁이 조각의 방향 바로잡기 과정*을 간단히 요약해보았다.

1. 방향 돌리기를 해주어야 하는 귀퉁이 조각이 UFR 위치에 올 때까지 U↺ 회전을 해준다.
2. 해당 조각의 방향이 정확하게 맞춰질 때까지 A₂ 공식을 반복해준다.
3. 방향 돌리기를 해주어야 하는 귀퉁이 조각이 아직도 남아 있다면, 1단계로 돌아가서 이 과정을 반복해준다.

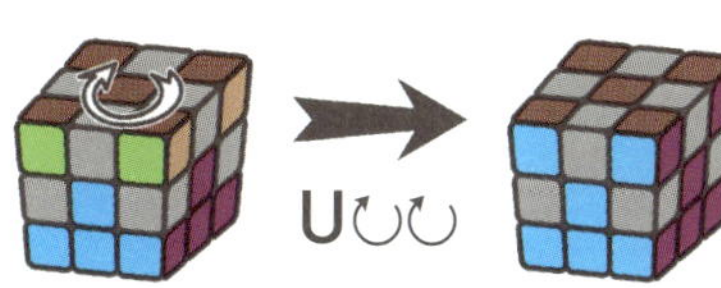

U↺↺

아, 마지막 단계가 하나 남았다. 귀퉁이 조각의 방향이 모두 올바르게 된 후, 여러분은 아마도 모든 귀퉁이 조각의 색이 각 면의 중앙 조각과 맞도록 U층을 돌려주고 싶을 것이다.

Outstanding!

이제 귀퉁이 조각 8개가 모두 완전히 맞춰졌다. 이는 전체 큐브에서 반 이상을 맞춘 셈이다! 계속 잘 따라 와주길 바란다.

3.4
반대쪽 층의 모서리 맞추기

큐브 전체를 돌려 잡은 상황에서 아직 맞춰지지 않은 모서리 조각은 단 8개(R
층에 4개, Rs 내부층에 4개)이다. 다음 목표는 R층에 와야 할 모서리 조각 4
개를 찾은 다음 올바른 위치에 올바른 방향을 한 상태로 이동시키는 것이다.
(다음 장에서 Rs 내부층을 맞출 것이므로, 아직까지는 이 내부층이 섞여도 전
혀 신경 쓸 필요 없다.)

R층에 가야 할 모서리 조각을 파악하는 일은 간단하다. 오른쪽 면 중앙 조각의 색상과 같은 색(예로 든 그림에
서는 갈색)이 들어 있는 모서리 조각이 R층으로 가야 한다. 먼저 이 가운데 한 조각을 맞춰보자.

Rs 내부층에서 모서리 자리에 있는 네 조각 중 오른쪽 면과 같은 색상을 가진 것이 있
운이 나쁘면 R층으로 옮겨야 할 모서리 조각
모두가 이미 R층에 가 있을 가능성도 있다. 그
렇다면 옮겨야 할 모서리 조각들이 Rs 내부층
에 하나도 없을 것이다. 이런 경우라면, Rs 내
부층에서 모서리 조각을 찾은 것처럼 상상하면
서 이 과정을 머릿속으로 따라 해보기 바란다.
(모서리 조각을 R층으로 보내는 공식과 같은
공식을 사용하면 모서리 조각이 R층에서 Rs
내부층으로 빠져 나오므로, 이를 이용해서 이
과정을 따라 해볼 수도 있다.)

는지 살펴보자. 왼쪽 그림에서는 갈색–연두색 모서리 조각이 Rs 내부층에 있다. 이제
모서리 조각의 두 색상 스티커 중에서 오른쪽 면과 다른 색상 스티커에 주목한다(예
로 든 그림에서는 오른쪽 면의 색이 갈색이므로, 연두색 스티커에 주목한다).

주목해야 할 색상 스티커(연두색)가 U면에 올 때까지 Rs 내부층을 돌려준다. 이때 단지 U층에 해당 모서리 조
각을 옮기는 것이 아니라 U면으로 그 색상 스티커가 올라와야 한다. 그러면 그 모서리 조각은 다음 두 위치 중
하나에 올 것이다.

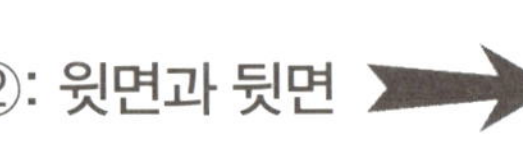

다음으로 R면을 돌리면서 오른쪽 윗면 귀퉁이 조각들의 색상 2개가 맞추고자 하는 모서리 조각의 U면 스티커 색과 같아지게 만든다. 오른쪽 그림에서는 맞추고자 하는 모서리 조각의 U면 색상이 연두색이므로, R층 귀퉁이 조각에서 연두색이 윗면으로 오도록 돌려 놓았다. 이렇게 하면 모서리 조각이 들어갈 '빈자리'는 이제 UR 모서리 위치가 된다.

이제 자신의 큐브가 ①과 ② 중에서 어디에 해당하는지를 확인한 뒤, 알맞은 G 공식을 사용해보자. ①과 ②는 회전 방향만 다를 뿐, 두 공식 모두 UF, UR, UB 모서리 조각들의 위치를 한 번에 회전시켜준다.

①

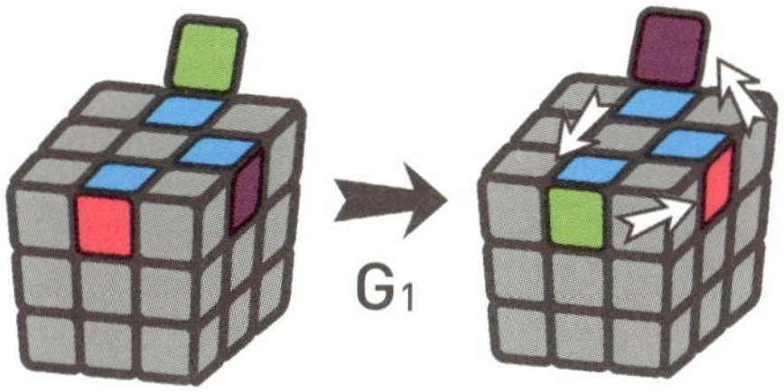

G_1 = R↓↓ U↻ Fs↻
U↺↺ Fs↻ U↻ R↓↓

R↓↓   U↻   Fs↻   U↺↺   Fs↻   U↻   R↓↓

②

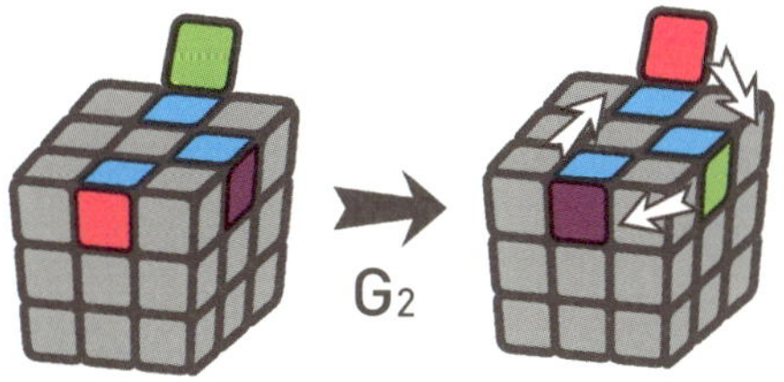

G_2 = R↓↓ U↻ Fs↻
U↺↺ Fs↻ U↻ R↓↓

R↓↓   U↻   Fs↻   U↺↺   Fs↻   U↻   R↓↓

Fs 내부층의 회전 때문에, G₁과 G₂ 공식이 돌리기 불편하다고 느끼는 사람도 있을 것이다. 어차피 같은 결과가 나오지만 대신에 Rs 내부층을 돌리는 다른 공식도 소개한다.

대체 G₁ = R↓↓ D← Rs↑ U↺↺ Rs↓
　　　　　U↺↺ D→ R↑↑

대체 G₂ = R↓↓ D← U ↺↺ Rs↑ U↺↺
　　　　　Rs↓ D→ R↑↑

이 책에서 위 공식을 사용하지 않은 이유는 G₁과 G₂ 공식보다 약간 길기 때문이다. 그러나 위 공식에 관심이 있다면, 3.5항에 나오는 H 공식과 비교해보는 것도 좋다.

G₁과 G₂ 공식을 사용해서, 이제 R층에 있는 네 모서리 조각 중에서 하나를 맞췄다. (혹은 앞서 말한 대로 이미 R층에 모서리 조각이 들어 있는 경우에는 조각들의 이동 위치를 상상하며 이 공식을 사용해보았을 것이다. 그랬다면 이제 R층에 있는 모서리 조각이 Rs 내부층으로 빠져나왔을 테니, 이제는 실제로 이 공식을 사용해보면 된다.)

다음부터는 아래 과정을 되풀이하면 된다.

	Rs층에서 R층으로 위치를 옮겨주어야 하는 다른 모서리 조각을 찾아보자(한쪽에 R면의 색이 들어 있을 것이다). 왼쪽 그림에서는 UB 위치에서 갈색–보라색 모서리 조각을 찾았다. 그 모서리 조각에서 R면의 색과 다른 색상 스티커를 확인한다(그림에서는 보라색).
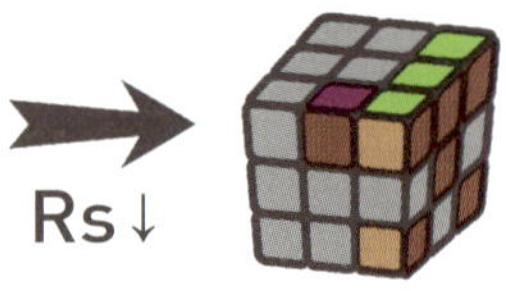 **Rs↓**	맞추려는 모서리 조각에서 R면의 색이 아닌 다른 색상 스티커(그림에서는 보라색)가 윗면에 올 때까지 Rs 내부층을 돌려준다. 왼쪽 그림에서는 보라색이 아니라 갈색이 윗면에 있었기 때문에, 이 모서리 조각을 UB에서 UF로 옮겨주어야 했다.
 **R↓**	맞추려는 모서리 조각이 들어갈 '빈자리'가 U층에 올 때까지 R면을 돌려준다. 이때 U면의 스티커 색상들이 모두 일치해야 한다. 왼쪽 그림에서는 귀퉁이 조각과 모서리 조각의 보라색 스티커들이 모두 U면에 있다.
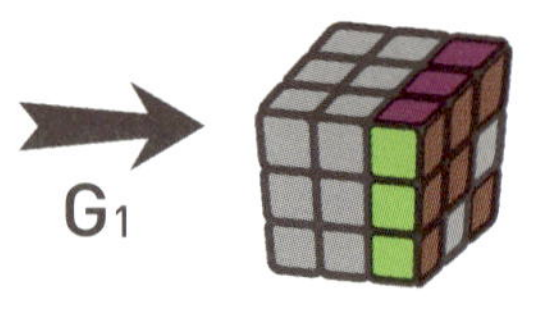 **G₁**	상황에 따라 G₁이나 G₂ 공식 중에서 알맞은 것을 사용하면, 모서리 조각이 하나 더 맞춰진다.

모서리 조각 4개 모두에 동일한 과정을 반복하면, 순식간에 R층의 모서리 조각이 모두 맞춰진다!*

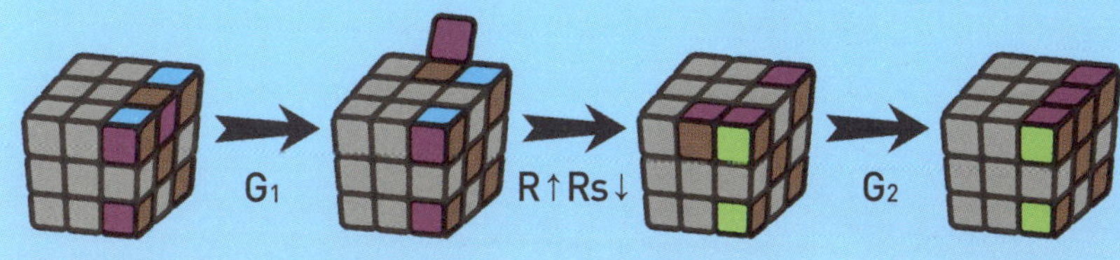

G 공식을 여러 번 사용하고 나면, R면을 올렸다가 다시 원래대로 내리는 움직임이 아주 많이 반복된다고 느낄 것이다. 맞는 말이다. G 공식에서 처음에 R↓↓ 회전을 하는 유일한 이유는 공식을 사용함으로써 움직이게 되는 모서리 조각 3개를 U층으로 올리기 위해서다. 이렇게 하면 움직이는 모서리 조각을 보기가 쉽기 때문이다. 따라서 이 회전을 생략하고 나머지 공식만 사용한다면 RU 모서리 조각이 아니라 RD 모서리 조각이 움직이게 된다. 헷갈리지 않을 자신이 있다면, 오른쪽에 나온 대로 간략화한 G 공식을 사용해보자. 불필요한 R면의 회전이 많이 줄어든다.

사실 자세히 살펴보면, 간략화한 G 공식과 다음 장에서 소개할 H 공식이 비슷하다는 것을 발견하게 될 것이다. 간략화한 G 공식에는 U 회전이 한 번 더 들어가 있고 Rs 대신 Fs를 사용한다는 점을 제외하면, 둘은 똑같은 공식이다.

스피드 큐빙 선수들은 위 공식 대신 아래 공식을 사용한다.

> G_{1s} = U↺ Fs↻ U↺↺ Fs↻ U↺
> G_{2s} = U↺ Fs↻ U↺↺ Fs↻ U↺

> 대체 G_1 = F↺↺ U↺ F↻ U↺F↺ U↺
> F↻ U↺ F↻ U↺ F↻

이 공식은 회전수가 더 많지만 두 면만 돌리기 때문에 빠르게 맞추기가 매우 쉽다. 그러나 이 공식을 사용했을 때 '어떻게' G₁ 공식을 사용했을 때와 똑같은 결과가 나오게 되는지 이해하기는 매우 어렵다.

Way to Go!

모서리 조각 4개를 더 맞춤으로써 바깥쪽의 두 층이 완성되었다. 이제는 딱 네 조각만 맞추면 된다.

3.5
남은 모서리 조각 올바른 위치로 옮기기

먼저, Rs 내부층을 돌려서 중앙 조각을 맞춘다.

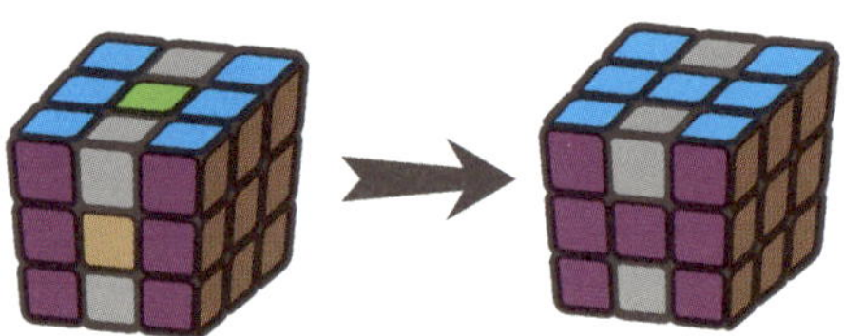

이제 나머지 모서리 조각 4개를 살펴보면, 올바른 위치에 있는 조각과 그렇지 않은 조각을 파악할 수 있을 것이다. 모서리 조각이 올바른 위치에 있더라도 방향이 잘못되어 있을 가능성이 있다. 그러나 이런 조각도 올바른 위치에 있는 것으로 봐야 한다. 3.6항에서 '방향 뒤집기'를 다룰 것이므로 일단 여기에서는 모서리 조각의 방향까지 신경 쓸 필요는 없다. 올바른 위치에 있는 모서리 조각의 수를 센 다음, 아래에서 해당하는 방법을 찾아보자.

모서리 조각 4개가 올바른 위치에 있을 경우

모서리 조각 4개가 모두 올바른 위치에 있다면 가장 좋은 상황이다. 바로 3.6항으로 넘어가면 된다.

모서리 조각 1개가 올바른 위치에 있을 경우

모서리 조각 1개만 올바른 위치에 있으면, 나머지 세 조각의 위치를 서로 한꺼번에 바꿔주어야 한다. 이를 '퍼뮤테이션permutation'이라고 부른다(퍼뮤테이션을 번역하자면 '치환'이라는 단어가 적절하겠지만, 국내 스피드 큐빙 선수들은 그냥 번역 없이 퍼뮤테이션이라고 부른다－옮긴이). 올바른 위치에 있는 모서리 조각이 BD 모서리 위치에 오도록 큐브를 돌려 잡는다. '위쪽 방향으로' 퍼뮤테이션(FD 모서리 조각이 FU 모서리로 이동되고, FU 모서리 조각이 BU 모서리로 이동되어야 한다)을 해야 하면, H 공식을 사용하자.

H = U↺↺ Rs↑
U↺↺ Rs↓

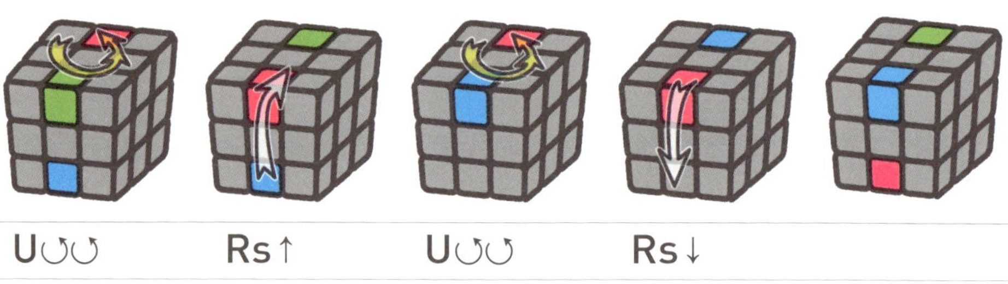

'아래쪽 방향'으로 퍼뮤테이션을 해야 한다면, 몇 가지 방법을 선택할 수 있다.

1. U면과 F면이 서로 바뀌도록 큐브를 돌려 잡은 다음, H 공식을 한 번 쓴다.

2. H 공식을 연속으로 두 번 사용한다.

3. H 공식을 역순(Rs↑ U◡◡ Rs↓ U◡◡)으로 사용한다.

셋 중에서 가장 쉬운 방법을 골라서 사용하면 된다.

올바른 위치에 있는 모서리 조각이 하나도 없을 경우

올바른 위치에 있는 모서리 조각이 하나도 없다면, 할 일이 조금 더 생긴다.*
모서리 하나가 올바른 위치에 올 때까지 H 공식을 반복해서 사용한 다음, (앞
에서 모서리 조각 1개가 올바른 위치에 있을 경우와 동일하게) 올바른 위치에
온 모서리 조각을 BD 모서리 위치로 가도록 큐브를 돌려 잡고 필요에 따라 H
공식을 사용한다.

만일 모서리 조각 2개만 올바른 위치에 있다면, 누군가 장난을 치려고 큐브를 분해한 뒤에 맞추기가 불가
능한 상태로 다시 조립해놓았을 가능성이 높다. 큐브의 구조상, 큐브를 분해하지 않고 일반적인 회전만으
로 2개의 모서리 조각만 위치를 서로 바꾸는 것은 아예 불가능하기 때문이다.

모서리 조각 3개만 올바른 위치에 있다면, 누군가 장난을 치려고 큐브의 스티커를 다른 큐브의 스티커로
바꿔놓았을 가능성이 높다. (조금만 생각을 해보자. 넷 중 세 조각이 모두 바른 위치에 있으면 나머지 한
조각도 당연히 바른 위치에 있을 수밖에 없다는 점이 분명해질 것이다.)

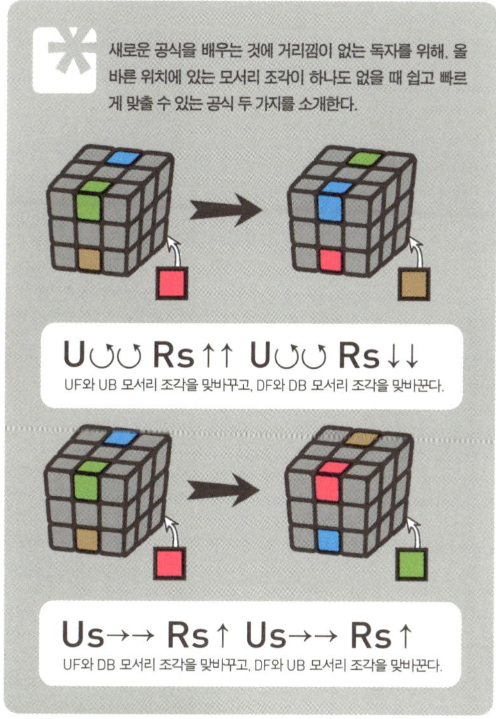

새로운 공식을 배우는 것에 거리낌이 없는 독자를 위해, 올
바른 위치에 있는 모서리 조각이 하나도 없을 때 쉽고 빠르
게 맞출 수 있는 공식 두 가지를 소개한다.

Almost There!

이쯤 되면 큐브가 이미 다 맞춰졌을 가능성이 12.5%다.
그러나 아직 맞춰지지 않았다면, 다음 쪽에서 마지막 장을
읽어보기 바란다.

3.6
남은 모서리 조각 올바른 방향으로 돌려놓기

아직 큐브가 다 맞춰지지 않았다면, 모서리 조각 중 2개 혹은 4개, 즉 짝수의 모서리 조각이 잘못된 방향으로 뒤집혀 있을 것이다.

이때 사용하는 방법은 3.3.2항에서 귀퉁이 조각을 제자리에서 방향 돌리기 한 방법과 비슷하다. 한 층에서 방향이 잘못된 모서리 조각들을 하나씩 방향 뒤집기 해주면 큐브의 나머지 부분은 섞인 상태가 될 것이다. 이후 뒤집힌 모서리 조각들을 모두 올바른 방향으로 만들어주면 섞였던 나머지 부분이 다시 원래 상태로 되돌아오는 공식을 사용할 것이다. 우선 예를 들어보자.

FD(보라색–연두색) 모서리 조각과 UB(하늘색–황토색) 모서리 조각의 방향을 뒤집어주어야 한다고 해보자.

먼저, Rs↑ 회전을 해서 보라색–연두색 모서리 조각(방향 뒤집기를 해야 하는 모서리 조각)이 UF 모서리 위치에 오게 한다. 이제 이 모서리 조각의 방향 뒤집기를 할 수 있는 준비가 된 것이다.

그리고 나서 K_1 공식(물론 K_1 공식은 아직 설명하지 않았다)을 사용한다. 이 공식은 UF 모서리 조각을 제자리에서 방향 뒤집기 하지만 큐브의 나머지 부분은 섞어버릴 것이다. (그러나 Rs 내부층이 아주 멋지게 맞춰졌다는 점에 주목하자.)

이제 Rs↓↓ 회전을 해서 아직 방향 뒤집기가 끝나지 않은 채 남아 있는 하늘색–황토색 모서리 조각을 UF 모서리 위치로 옮긴다.

다음으로 K_2 공식을 사용한다. 이 공식은 하늘색–황토색 UF 모서리 조각의 방향 뒤집기를 하는 것은 물론 아까 섞였던 큐브의 나머지 부분도 모두 맞춰준다.

마지막으로 Rs층을 돌려서(Rs↑) 바로 잡아주면, 맞추기가 끝난다.

이제 실전에 뛰어들 준비가 되었는가? 그럼 복습을 해보자.

1. 방향 뒤집기를 해야 하는 모서리 조각이 UF 모서리 위치에 올 때까지 Rs↑ 회전을 한다.

2. K₁ 공식을 사용한다.

3. 방향 뒤집기를 해야 하는 모서리 조각이 UF 위치에 올 때까지 Rs↑ 회전을 한다.

4. K₂ 공식을 사용한다.

5. 방향 뒤집기를 해야 하는 모서리 조각들이 아직 남아 있으면,* 1단계로 되돌아간다.

6. 큐브가 다 맞춰질 때까지 Rs 내부층을 돌려준다(1단계와 3단계에서 했던 움직임을 되돌려주기 위함이다).

좋다, 그럼 실제 공식을 사용할 준비가 다 되었다.

K₁ = U↺ F↺ R↓ U↺ F↻

U↺   F↺   R↓   U↺   F↻

K₂ = 역-K₁ = F↺ U↺ R↑ F↻ U↻

F↺   U↺   R↑   F↻   U↻

All done!

축하한다. 당신은 소수만이 자랑스럽게 해낼 수 있는 큐브 맞추기 도전에 성공했다!

3×3×3 큐브를 맞추기 위한 모든 공식

지금까지 설명한 모든 공식들을 복습해보자. 이 공식들 대부분은 큐브의 일부분을 섞어놓는다. 이런 부분은 검정색으로 표시했다(각 순서 밑에 작은 글자로 씌어진 기호는 전통적인 '싱마스터' 표기법이다).

$$A_1 = R\downarrow \ D\leftarrow \ R\uparrow \ D\rightarrow$$

R'D'RD

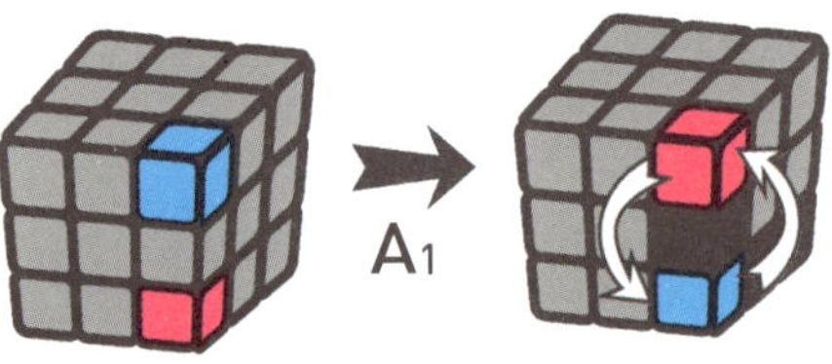

DLB 귀퉁이 조각과 DB 모서리 조각도 섞인다.

$$A_2 = R\downarrow \ D\leftarrow \ R\uparrow \ D\rightarrow$$
$$R\downarrow \ D\leftarrow \ R\uparrow \ D\rightarrow$$

R'D'RDR'D'RD

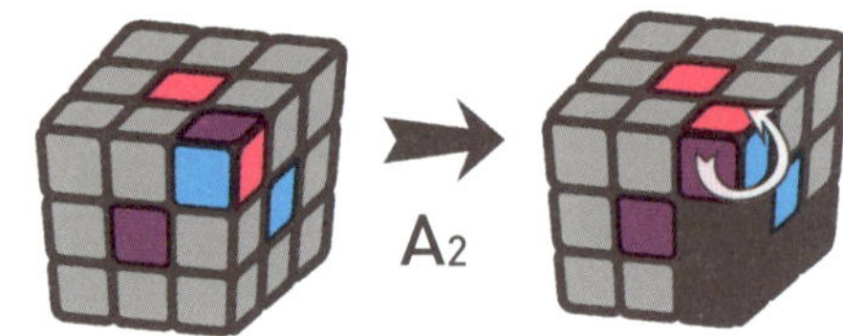

A_2공식을 세 번 반복하면 섞인 부분이 원래 상태로 되돌아간다.

$$E_1 = Us\rightarrow \ F\circlearrowleft \ Us\leftarrow\leftarrow \ F\circlearrowleft$$
$$E_2 = Us\rightarrow \ F\circlearrowleft \ Us\leftarrow \ F\circlearrowleft$$
$$E_3 = F\circlearrowleft\circlearrowleft \ Rs\uparrow \ F\circlearrowleft\circlearrowleft \ Rs\downarrow$$
$$E_4 = Rs\uparrow \ F\circlearrowleft \ Rs\downarrow \ F\circlearrowleft$$

UD'L'U2D2R
UD'LU'DF'
F2LR'D2L'R
LR'DL'RF'

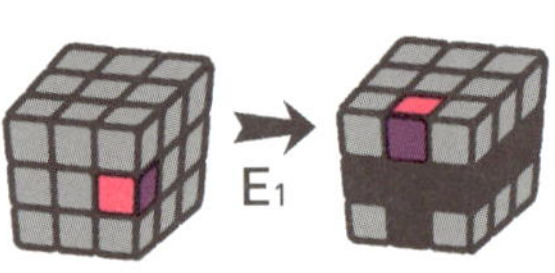

LB 모서리 조각, L과 B 중앙 조각도 섞인다.

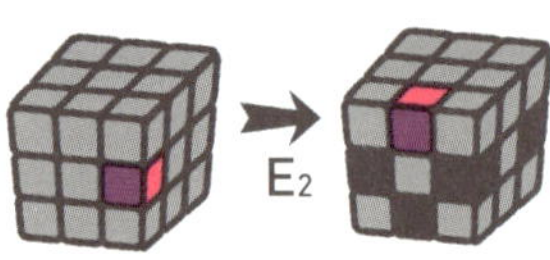

LB 모서리 조각도 섞인다.

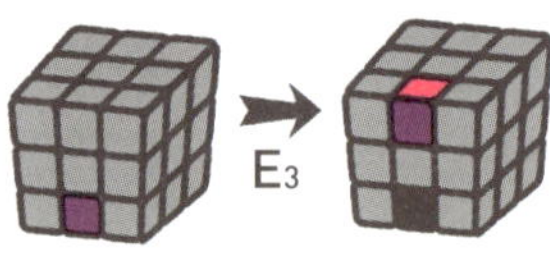

DB 모서리 조각도 섞인다.

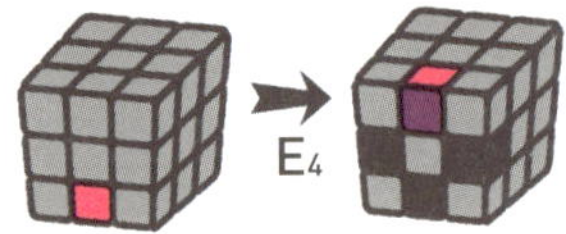

DB 모서리 조각도 섞인다.

C = F↻ U↺ F↻ U↺
R↑ U↺ R↓

F'U'FURUR'

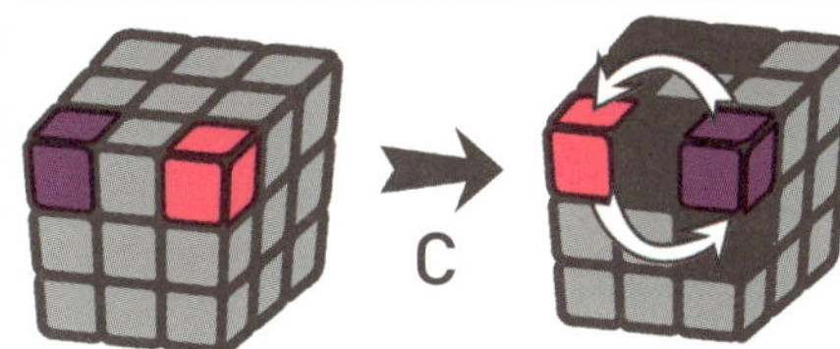

G₁ = R↓↓ U↺ Fs↻
U↺↺ Fs↻ U↺ R↓↓
G₂ = R↓↓ U↺ Fs↻
U↺↺ Fs↻ U↺ R↓↓

R2U'FB'R2F'BU'R2
R2UFB'R2F'BUR2

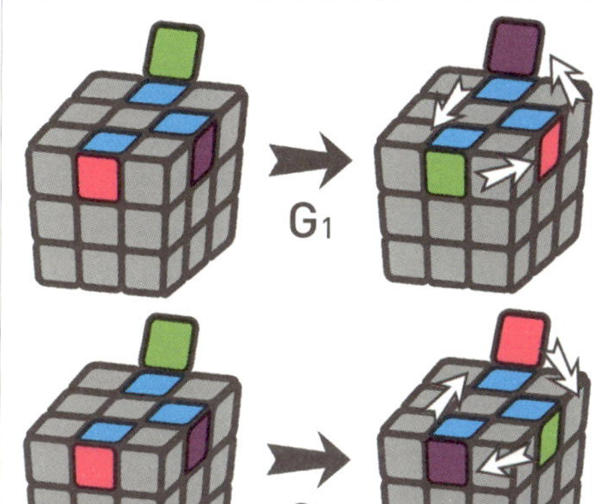

G 공식 둘은 서로 역공식이다.

H = U↺↺ Rs↑ U↺↺ Rs↓

U2LR'F2L'R

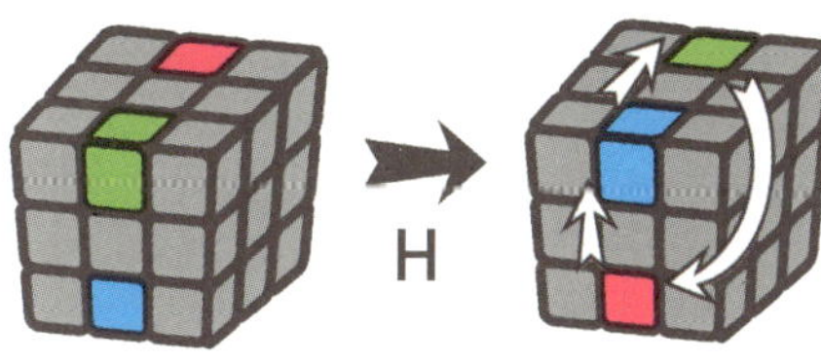

K₁ = U↺ F↻ R↓ U↺ F↻
K₂ = F↻ U↺ R↑ F↻ U↺

U'FR'UF'
FU'RF'U

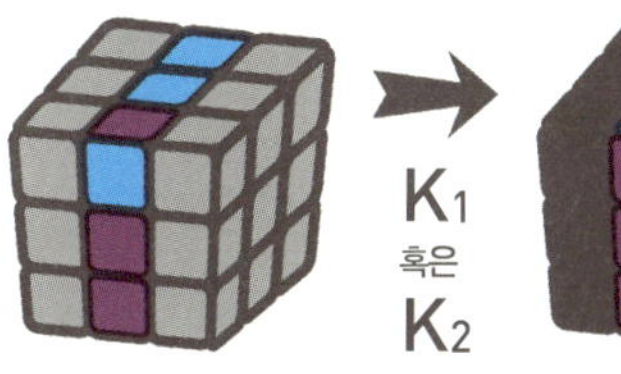

K 공식 둘은 서로 역공식이다.

가끔 하나 혹은 여러 개의 중앙 조각에 그림이나 글자가 있는 큐브를 접하게 될 것이다. 이 경우 당연히 큐브 해법을 통해 이런 중앙 조각들까지 올바른 방향으로 만들어주어야 한다. 여기서 모든 중앙 조각의 방향을 하나하나 바로잡는 방법까지 일일이 설명할 수는 없다. 그러나 정확하게만 적용한다면 최대 여섯 번만 사용해서 중앙 조각의 모든 방향을 올바르게 맞출 수 있는 공식 두 가지를 소개한다.

첫번째 공식은 U면의 중앙 조각을 중심으로 하여 R층과 L층을 돌려주면서 U면의 중앙 조각을 180도 회전시키는 방법이다.

R↓ L↑ U↺↻ R↑ L↓ U↻ R↓ L↑ U↺↻ R↑ L↓ U↺

두번째 공식은 F면의 중앙 조각을 시계 방향으로, R면의 중앙 조각을 반시계 방향으로 회전시키는 방법이다.

Rs↑ U↻ Rs↓ Us← Rs↑ U↻ Rs↓ Us→

이 공식에는 그림으로 설명해야 할 원리가 몇 가지 들어 있다. 이 공식은 A₂ 공식으로 귀퉁이 조각의 방향 돌리기를 해주고, K₁과 K₂ 공식으로 모서리 조각의 방향 뒤집기를 해주는 것과 같은 원리를 바탕으로 한다.

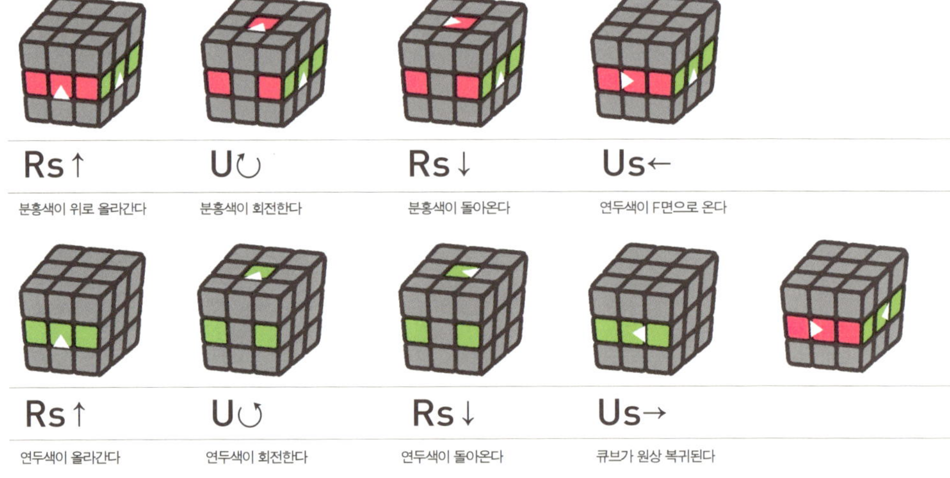

이 공식을 상황에 맞게 적절히 잘 사용하면, Us 내부층에 있는 어떠한 중앙 조각들이라도 2개씩 방향을 바꿀 수 있다. 그저 공식의 네번째 회전과 여덟번째 회전에서 Us 내부층을 이동하는 회수만 조정하면 된다. 또한 두번째 회전과 여섯번째 회전을 U↺↻ 로 바꿔서 쓰면 중앙 조각 2개를 90도가 아니라 180도씩 회전시킬 수 있다.

2×2×2
큐브
맞추기

2×2×2 큐브를 맞추는 방법

2×2×2 큐브를 맞추는 방법은 3×3×3 큐브의 귀퉁이 조각을 맞추는 방법과 대단히 비슷하다. 완전히 똑같다고 볼 수도 있다. 그러나 차이점이 하나 있다. 각 면의 색을 확인할 중앙 조각이 없는 것이다. 그러므로 여기서는 대부분 3.1과 3.3항에서 설명한 여러 기술들을 사용하겠지만, 각 면의 색상을 확인하는 방법을 특별히 신경 써서 설명할 것이다.

2.1
귀퉁이 조각 2개 맞추기

2.2
귀퉁이 조각 4개 맞추기

2.3
남은 귀퉁이 조각 올바른 위치에 놓기

2.4
남은 귀퉁이 조각 올바른 방향으로 돌리기

2.1
귀퉁이 조각 2개 맞추기

이 과정은 쉽지만(특히 3×3×3 큐브를 맞출 수 있으면), 시작하는 데 애를 먹고 있다면 아래처럼 따라 해보자.

일단 아무렇게나 큐브를 잡은 뒤, UFL 귀퉁이 조각(윗면/앞면/왼쪽 면)을 찾아보자. 이 귀퉁이 조각이 올바른 위치와 올바른 방향으로 맞춰진 상태라고 가정하면 나머지 조각들은 모두 그 조각의 색상을 기준으로 맞추기만 하면 된다.

세세히 보자면, 현재 U면의 색상(예에서 하늘색)과 F면의 색상(예에서 보라색)이 정해진 것이다.

U면의 색상과 F면의 색상이 모두 들어 있는 다른 귀퉁이 조각 하나를 찾아보자(UFL 조각이 어떤 것이었는지 정확히 기억하고 있어야 한다). 그 조각이 UFR 귀퉁이로 와야 하는 조각일 것이다.

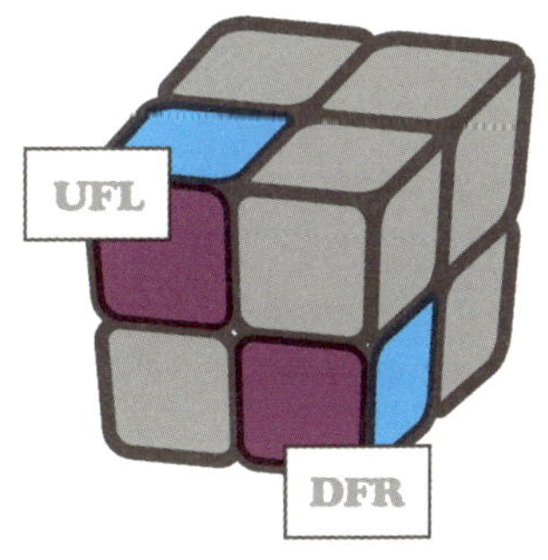

그 귀퉁이 조각이 아직 제자리에 와 있지 않은 상태라면, 그 조각을 올바른 위치로 옮기기 위해 먼서 UFR 귀퉁이 위치로 옮기면 된다. 필요에 따라 단순히 B면(뒷면)과 D면(아랫면)만을 돌려주어도 기준이 되는 UFL 조각을 전혀 움직이지 않으면서 그 귀퉁이 조각을 DFR 위치로 옮길 수 있다(해당 조각이 D층에 있는 경우에는 그저 D면만 돌리면 된다. 만약 U층에 있는 경우라면 B층을 180도 돌려 D층으로 옮긴 후 필요한 만큼 D층을 돌리면 된다).

이제 3.1.1항(82쪽)에서 설명한 방법대로 해당 조각을 맞춘다. 이미 앞에 나온 해법을 읽었기 때문에 단지 공식을 상기하는 것만으로 충분하다면 기본적인 요점은 이렇다. 즉 해당 귀퉁이 조각이 맞춰질 때까지 A_1공식을 반복해서 사용하는 것이다.

이제 귀퉁이 조각 2개가 맞춰졌다. 식은 죽 먹기다!

$$A_1 = R{\downarrow}\ D{\leftarrow}\ R{\uparrow}\ D{\rightarrow}$$

귀퉁이 조각 4개 맞추기

이 단계는 3.1.2항(84쪽)과 거의 동일하다. UFR 귀퉁이가 새로 맞춰야 하는 조각이 올 자리가 되도록 U층을 돌리고, 그 자리에 들어갈 조각을 찾아 DFR 귀퉁이 위치에 둔 다음, A_1 공식을 반복 사용해 UFR 귀퉁이 위치에 맞춰 넣는다. 동일한 방법으로 네번째 귀퉁이 조각까지 맞춘다.

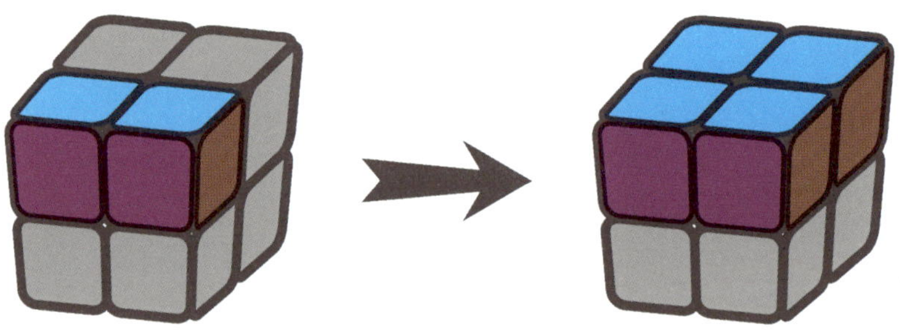

2.3
남은 귀퉁이 조각 올바른 위치에 놓기

이 단계를 시작하기 전에, 맞춰진 층이 D층(아래층)이 되도록 큐브를 뒤집어 잡는다. 이 단계는 윗면에 무슨 색이 와야 하는지가 명확하지 않다는 점을 제외하면, 3.3.1항(88쪽)과 매우 비슷하다.

윗면의 색상을 찾는 비결을 공개하자면, 아직 맞춰지지 않은 4개의 귀퉁이 조각 모두에 공통으로 들어가 있는 색상이다. 윗면의 색상 배치는 오른쪽 그림 중 하나와 같은 상태(그리고 3.3.1항의 그림과도 같은 상태)일 것이다.

윗면의 색상을 알고 나면, 3.3.1항에 나온 나머지 설명대로 쉽게 따라 할 수 있다. 아직 맞춰지지 않은 귀퉁이 조각 4개에서 윗면의 색이 아닌 다른 색상을 지닌 스티커를 살펴보자. 그 가운데 같은 색상의 스티커가 붙어 있으면서 서로 이웃한 (대각선이 아닌) 귀퉁이 조각 2개를 찾고, D층도 돌려서 이들이 공통적으로 가진 색깔과 맞춰준다. 그리고 필요하다면 C 공식을 사용하여 두 귀퉁이 조각의 위치를 서로 맞바꿔준다. 나머지 다른 두 조각에도 같은 방식을 적용한다.

$$C = F\circlearrowright U\circlearrowright F\circlearrowright U\circlearrowleft R\uparrow U\circlearrowright R\downarrow$$

C 공식은 3×3×3 큐브에서 가장 '피해'를 많이 주는 공식이다. 다시 말해 다른 조각들을 가장 많이 섞어버리는 공식이다. 그러나 2×2×2 큐브에서는 UBL 조각에만 피해를 주며 고작 방향 바꾸기만 할 뿐이다. 방향 바꾸기를 하지 않는 공식을 쓰고 싶다면 아래처럼 두 배 정도 길어진다.

$$F\circlearrowright U\circlearrowleft F\circlearrowright U\circlearrowleft F\circlearrowright R\downarrow F\circlearrowright U\circlearrowleft F\circlearrowright U\circlearrowleft F\circlearrowright\circlearrowright R\uparrow$$

남은 귀퉁이 조각 올바른 방향으로 돌리기

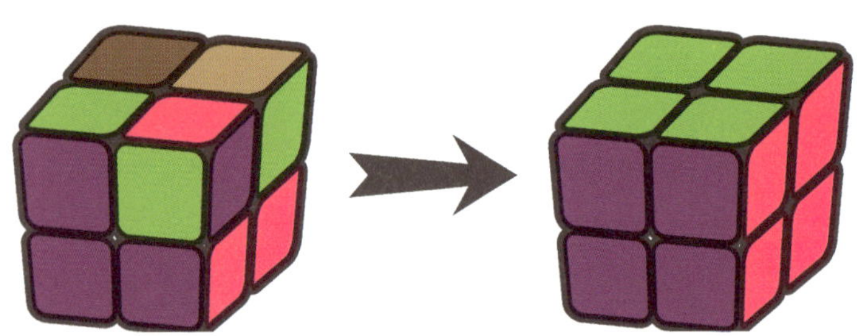

이 부분은 3.3.2항(90쪽)과 거의 같다. UFR 귀퉁이 조각이 올바른 방향이 될 때까지 A_2 공식을 반복해서 사용해 방향 돌리기를 해준다. 그 다음 UFR 귀퉁이 위치에 방향 돌리기를 해야 하는 다른 새로운 귀퉁이 조각이 오도록 U층을 돌린 후, 앞의 공식을 반복 사용하면서 방향 돌리기를 해준다.

$$A_2 = R\downarrow\ D\leftarrow\ R\uparrow\ D\rightarrow\ R\downarrow\ D\leftarrow\ R\uparrow\ D\rightarrow$$

이제 큐브가 다 맞춰졌다.

$2\times2\times2$ 큐브 해법에서 사용된 모든 공식들을 복습해보자. 이 공식 대부분은 큐브의 일부분을 섞을 것이다. 그런 부분은 검정색으로 표시했다.

$$A_1 = R\downarrow\ D\leftarrow\ R\uparrow\ D\rightarrow$$

DLB 귀퉁이 조각도 섞인다(그림에는 보이지 않는다).

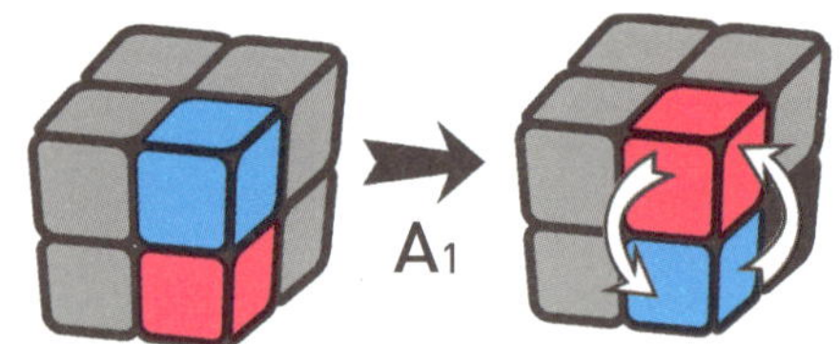

$$A_2 = R\downarrow\ D\leftarrow\ R\uparrow\ D\rightarrow$$
$$R\downarrow\ D\leftarrow\ R\uparrow\ D\rightarrow$$

A_2를 세 번 반복하면 섞인 부분이 원래 상태로 되돌아온다.

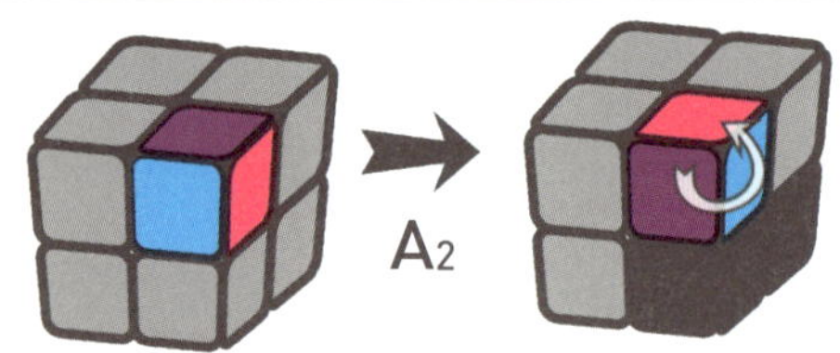

$$C = F\circlearrowleft\ U\circlearrowleft\ F\circlearrowleft\ U\circlearrowleft$$
$$R\uparrow\ U\circlearrowleft\ R\downarrow$$

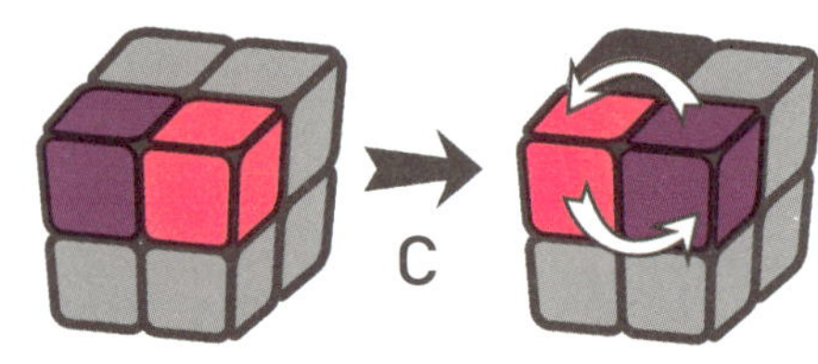

4×4×4 큐브 맞추기

$4 \times 4 \times 4$ 큐브를 맞추는 방법

4.1

U면 중앙 조각을 맞춘다.

4.2

U층 귀퉁이 조각을 맞춘다.

4.3

U층 모서리 조각을 맞춘다.

4.4

남은 귀퉁이 조각을 맞춘다.

4.5

R층 모서리 조각을 맞춘다.

4.6

두 모서리 전체를 맞춘다.

4.7

남은 모서리 조각을 맞춘다.

4.8

남은 중앙 조각을 맞춘다.

4.0
내부층 회전 보충 설명

여기서는 독자들이 3×3×3 큐브 해법을 이미 다 읽었고 이 책에서 사용하는 표기법을 모두 이해했다는 전제 하에, 4×4×4 큐브 해법을 소개한다. 여기에서 새로 등장할 기호는 두 배 늘어난 내부층 회전 기호들뿐이다. U면과 평행한 내부층의 회전을 표기하는 방법을 아래에 제시한다. 이 표기법을 익히면 다른 방향의 내부층 회전 기호도 같은 방식으로 쉽게 이해할 수 있을 것이다.

U2→: 위에서 두번째 내부층을 오른쪽으로 회전시킨다.

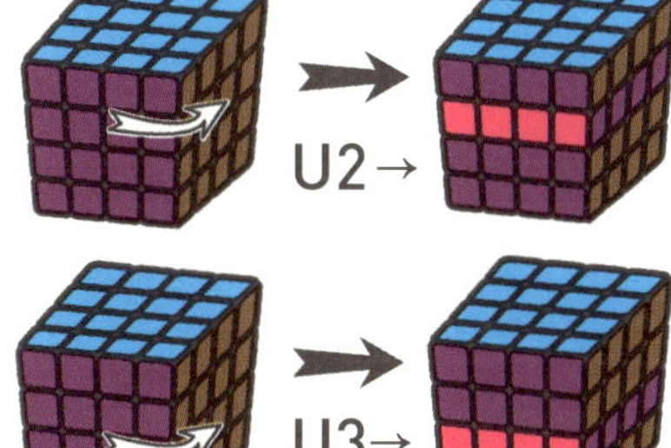

U3→: 위에서 세번째 내부층을 오른쪽으로 회전시킨다.

U2와 D3는 같은 내부층이며, 다른 많은 내부층들의 쌍(예를 들어 L2와 R3)도 마찬가지이다. 따라서 이 책에서는 둘 중에 독자들이 더 기억하기 쉬운 표기법을 중심으로 사용할 것이다.

Uu→: 위에서 첫번째 층과 두번째 내부층을 모두 오른쪽으로 회전시킨다.(U+U2)

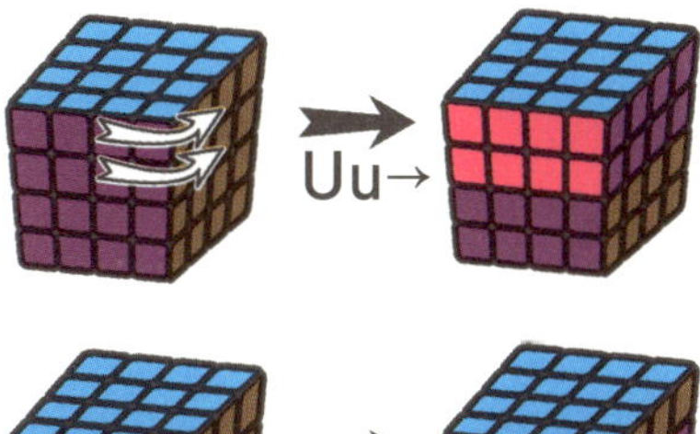

Us→: 위에서 두번째 내부층과 세번째 내부층을 모두 오른쪽으로 회전시킨다.(U2+U3)

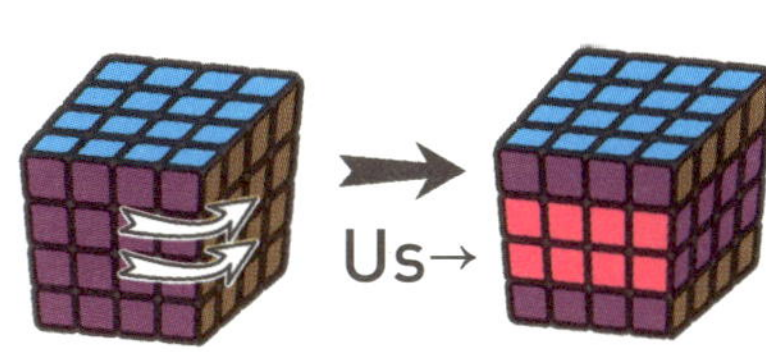

4×4×4 큐브에서 두번째와 세번째 내부층 2개를 칭하는 기호로 Us를 다시 사용하는 이유는 이 두 층을 함께 움직이는 한 4×4×4 큐브는 3×3×3 큐브와 같아지기 때문이다. 물론 겉보기에는 가운데에 있는 내부층이 너무 두툼해 보이긴 하지만 말이다. 이처럼 두 큐브가 같아지기 때문에, 두 모서리 조각을 함께 움직여야 한다는 점만 유념한다면 앞에서 배운 모든 공식들을 4×4×4 큐브에서도 적용할 수 있다. (이 책에서는 등장하지 않겠지만, 표기법상으로 위에서부터 세 층을 오른쪽으로 함께 회전시키는 것을 의미하는 기호는 Uuu→이다.) 자, 그럼 이제 해법으로 들어가보자.

U면 중앙 조각 맞추기

4×4×4 큐브에는 정중앙 조각이 없기 때문에, 색이 동일한 중앙 조각 4개를 모아서 정중앙 조각 '만들기'부터 시작해보자. 이 과정은 상당히 쉽다. 방법 하나를 아래에 소개한다.

1단계: 색상이 서로 같은 중앙 조각 2개를 한 쌍으로 서로 이웃시켜 U면에 놓는다.

2단계: U면에 놓은 중앙 조각과 같은 색상의 중앙 조각 2개를 찾아 한 쌍으로 서로 이웃시켜 F면 위에 놓는다(1단계에서 서로 이웃시켜놓은 U면 위의 중앙 조각 한 쌍은 섞이지 않도록 해야 한다).

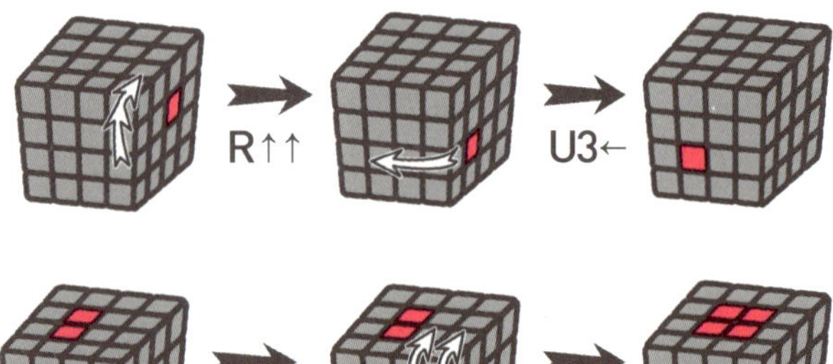

중앙 조각 하나를 R면, L면, B면 중 하나의 위치에서 F면의 '왼쪽 아래' 중앙 조각 자리로 오게 하려면, 먼저 그 중앙 조각이 현재 위치한 면에서 왼쪽 아래 중앙 조각 자리로 옮겨질 때까지 그 층을 돌려준다. 그런 다음에 그 중앙 조각이 F면으로 올 때까지 U3 내부층을 돌려준다.

중앙 조각을 F면의 '왼쪽 위' 중앙 조각 자리로 오게 하려면, 위와 유사한 방식을 사용한 후 U3 내부층 대신에 U2 내부층을 돌리면 된다. 만일 U면이나 D면에서 조각을 가져와야 하면, R2층을 돌려주면 된다.

3단계: U면과 F면을 돌려서, U면의 중앙 조각 쌍이 R3 내부층으로 가도록 하고 F면의 중앙 조각 쌍은 R2 내부층으로 가도록 해준다. 그러고 나서 Rr↑ 회전을 해서 네 조각을 한 면으로 모아준다.

U층 귀퉁이 조각 맞추기

이 과정은 84쪽의 3.1.2항과 상당히 비슷하다. U층을 돌려 새로 맞춰야 할 UFR 귀퉁이 위치를 잡아주고, 그 자리에 들어갈 귀퉁이 조각을 DFR 귀퉁이 위치에 놓은 다음, A₁ 공식을 반복 사용해 UFR 귀퉁이에 맞춰 넣는다. 동일한 방법으로 네번째 귀퉁이 조각까지 맞춘다.

A₁ = R↓ D← R↑ D→

4.3
U층 모서리 조각 맞추기

여기에서는 대부분 85쪽의 3.2항과 비슷한 방법을 사용하겠지만, 본격적으로
들어가기 전에 4×4×4 이상의 큰 큐브에서 특별히 주의할 사항을 짚고 넘어
가자.

그 이유는 모서리 조각들이 겉으로는 대칭성을 가진 것처럼 보이지만, 내부 구
조상으로 대칭이 아니기 때문이다. 모서리 조각의 한쪽 부분은 가운데 쪽을 향
해 있고, 그 부분은 큐브를 아무리 조작해주어도 항상 그 상태를 유지할 것이
다. 각 모서리 조각의 가운데 쪽 방향에 표시가 되어 있다고 상상하면 이해가
빠를 것이다.

모서리 조각의 방향 뒤집기를 할 수 있다면, 표시한 부분이 귀퉁이 방향 쪽으로
바뀌게 될 것이다. 그러나 큐브를 어떻게 돌려보아도 표시된 부분을 귀퉁이 방
향으로 가게 하기는 불가능하다는 것을 쉽게 이해할 수 있을 것이다. 다시 말해,
모서리 조각들은 '한손잡이'(원문에 충실하게 번역하고자 하였고 왼손잡이, 오
른손잡이를 의미한다. 비대칭성을 비유한 표현이다–옮긴이)다.

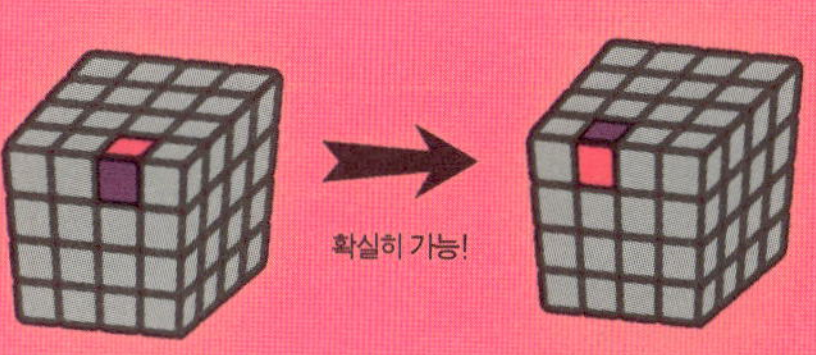

여기서 큐브를 맞추는 방법은 3.2항(85쪽)에 나온 것과 동일하다.

1. 맞추고자 하는 모서리 조각이 FR이나 FD 모서리 위치로 올 때까지, U2층이나 U3층이나 D층을 돌린다.
2. 맞추고자 하는 모서리 조각이 들어가야 하는 '빈자리'가 UF 모서리 위치로 올 때까지 U층을 돌린다.
3. 맞추고자 하는 모서리 조각이 '빈자리'로 옮겨가도록 아래의 짧은 공식 중 하나를 사용한다.

필요한 공식들은 다음과 같다.

옮겨가야 하는 위치가 UF 왼쪽 모서리 조각 위치일 때

① FR 아래쪽: U3→ F↻ U3←← F↻
② FR 위쪽: U2→ F↻ U2← F↻
③ FD 오른쪽: F↻ R1↑ U3→→ R1↑ F↻
④ FD 왼쪽: R3↑ F↻ R3↓ F↻

옮겨가야 하는 위치가 UF 오른쪽 모서리 조각 위치일 때

⑤ FR 위쪽: U2→ F↻ U2←← F↻
⑥ FR 아래쪽: U3→ F↻ U3← F↻
⑦ FD 왼쪽: F↻ R1↑ U2→→ R1↑ F↻
⑧ FD 오른쪽: R2↑ F↻ R2↓ F↻

세심한 독자들은 이 공식들과 3.2장에 나온 'E' 공식의 유사점을 알아차렸을 것이다. 하지만 'E' 공식은 다른 하나의 UF 모서리 조각을 섞어버리기 때문에 ③과 ⑦이 바뀌었다.

이 방법을 (최대) 8번 사용하면, U층 전체를 맞출 수 있을 것이다!

4.4
남은 귀퉁이 조각 맞추기

이 부분은 88쪽의 3.3항과 동일하다. C공식을 사용해서 귀퉁이 조각들의 위치를 서로 맞바꾸고 A_2 공식을 사용해서 방향 돌리기를 해준다.

$$C = F\circlearrowleft U\circlearrowleft F\circlearrowleft U\circlearrowleft R\uparrow U\circlearrowleft R\downarrow$$
$$A_2 = R\downarrow D\leftarrow R\uparrow D\rightarrow R\downarrow D\leftarrow R\uparrow D\rightarrow$$

4.5
R층 모서리 조각 맞추기

3.4항(92쪽)에 나온 두 공식을 다시 사용해서 R층의 모서리 조각을 맞출 것이다. 기억이 가물가물하면 3.4항을 다시 살펴보자.

$$G_1 = R\downarrow\downarrow U\circlearrowleft Fs\circlearrowleft$$
$$U\circlearrowleft\circlearrowleft Fs\circlearrowleft U\circlearrowleft R\downarrow$$

$$G_2 = R\downarrow\downarrow U\circlearrowleft Fs\circlearrowleft$$
$$U\circlearrowleft\circlearrowleft Fs\circlearrowleft U\circlearrowleft R\downarrow\downarrow$$

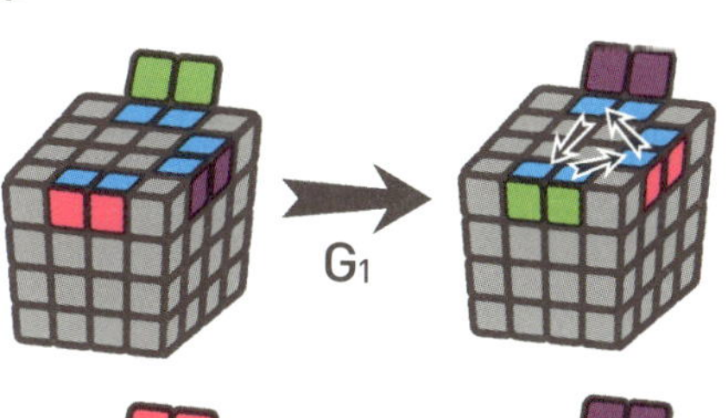

이 공식들을 사용하면 R2와 R3 내부층에 있는 모서리 조각 한 쌍을 R층의 적절한 위치로 이동시킬 수 있다. 단 하나 명심해야 할 것은 그 모서리 조각 한 쌍을 한 줄로 정렬시켜야 한다는 것이다.

R층에서 아무 모서리 위치를 하나 정한 다음, 그 모서리 위치로 옮겨야 하는 모서리 조각 2개를 찾아본다. 그 두 모서리 조각이 각각 R2층과 R3층에 있으면, 아주 편하다! 이때는 R2와 R3을 돌려서, G 공식을 쓸 수 있는 위치로 두 조각을 이동시킨다. 예를 들면 다음과 같다.

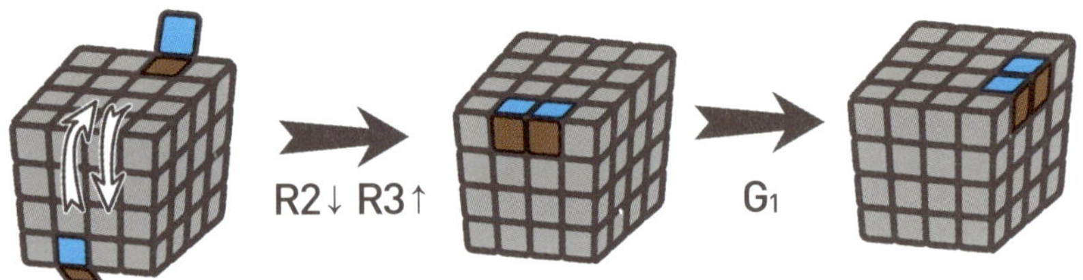

이와 달리 두 모서리 조각이 모두 같은 내부층(R2 혹은 R3)에 있으면, 두 조각 모두(가능하다면) 혹은 둘 중 한 조각(둘 다 U층으로 옮기는 것이 불가능한 경우)이 U층으로 옮겨가도록 그 내부층을 돌려준다.
그리고 나서 다음 공식을 사용하면 이제 두 모서리 조각이 각기 다른 내부층(R2와 R3)으로 나뉠 것이다. 이렇게 되면 두 모서리 조각을 앞서 설명한 대로 한 줄로 정렬시킬 수 있다.

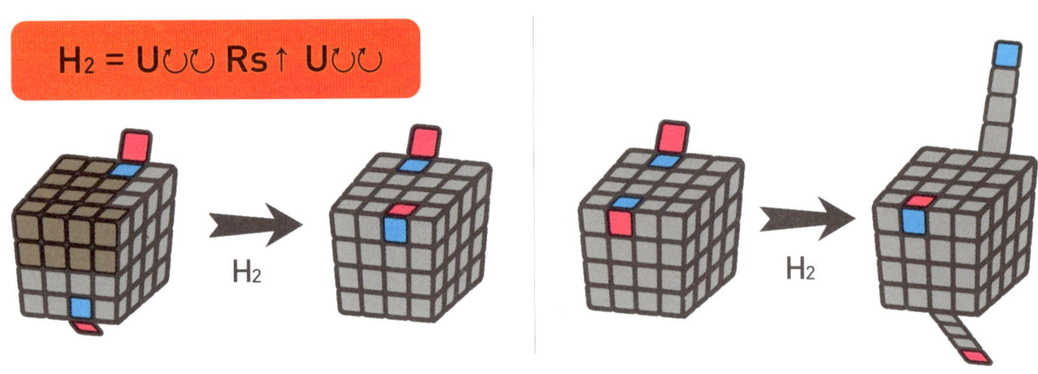

마지막으로 이동하려는 모서리 조각이 R층에 있으면 G_1이나 G_2 공식을 사용해서 R층에서 R2 혹은 R3로 빼내야 한다. 예를 들면 다음과 같다.

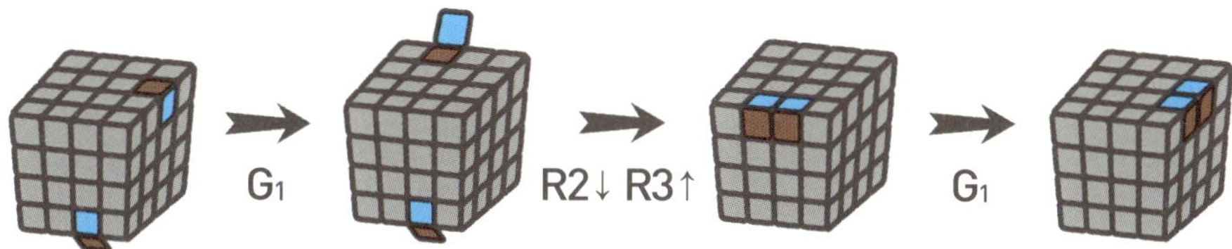

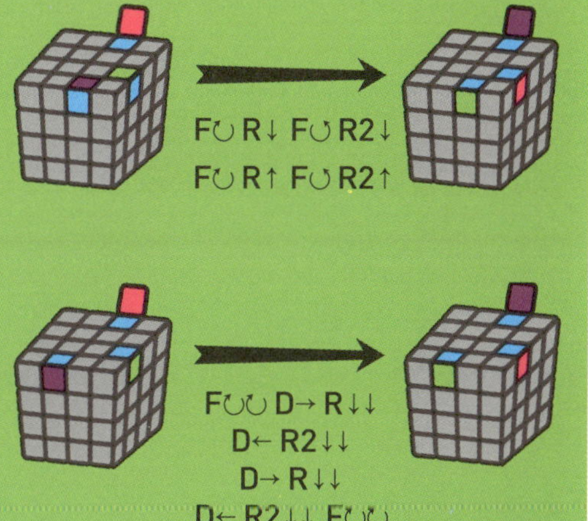

모서리 조각 하나씩만을 각기 이동시키는 방법을 알아보고 싶은가? 그렇다면 큐브의 다른 부분은 전혀 섞지 않으면서 U층에 있는 세 모서리 조각들의 위치를 각각 이동시킬 수 있는 두 가지 공식이 있다. 첫번째 공식이 더 짧다. 그리고 두번째 공식은 U면의 색상이 그대로 위를 향하게 유지한 채로 나머지 면의 모서리 조각 색상들만 이동시킨다.

두 공식이 '왜' 모서리 조각들을 그렇게 움직이도록 만드는지 그 원리를 알아내는 것은 여기서 다룰 만한 내용이 아니다. 그럼에도 나중에 자신만의 비슷한 공식을 만들어낼 수 있도록 지금 이 공식을 연습해보는 것도 충분히 가치 있는 일일 것이다.

이 과정(두 모서리 조각을 R2층과 R3층에서 정렬한* 다음, G 공식을 적절하게 적용)을 적절하게 반복하면, R층에 있는 모든 모서리 조각을 맞출 수 있을 것이다.

4.6
두 모서리 전체 맞추기

앞의 내용을 완전히 마스터했다면 모서리 조각 한 쌍을 더 맞추는 것은 꽤 간단한 일일 것이다. 아무 모서리 조각이나 골라 앞에서 했던 대로 모서리 조각 한 쌍을 한 줄로 정렬시킨다. 그러고 나서 한 쌍으로 정렬된 모서리 조각들이 L층 및 R층과 색상이 서로 맞을 때까지 Rs 내부층들을 돌린다.

가끔 해당 모서리 조각 쌍을 '방향 뒤집기' 해주어야 할 수도 있다. 그때는 그 모서리 조각 쌍을 UF 모서리 위치에 놓고 H₃ 공식을 사용해서 방향 뒤집기 해주면 된다.

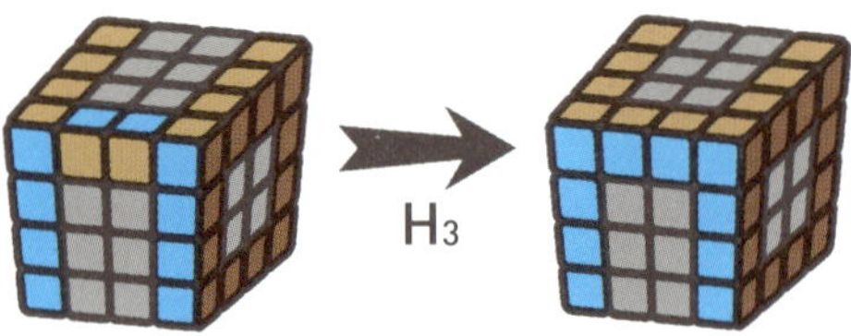

$$H_3 = H_2\ Rs\!\uparrow\uparrow = U\cup\cup\ Rs\!\uparrow\ U\cup\cup\ Rs\!\uparrow\uparrow$$

이제 한 모서리가 맞춰졌다. 맞춰진 모서리가 DB모서리(아래와 뒤) 위치로 오도록 큐브를 돌려 잡자. 이렇게 하면 맞춰지지 않은 모서리 조각들이 UB, UF, DF 모서리에 오게 된다. 오른쪽 그림에서 볼 수 있듯이, 이런 모서리 조각들에 ①②③④⑤⑥으로 번호를 붙였다. 다음 목표는 ⑤와 ⑥의 위치(DF 모서리)에 올바른 모서리 조각을 채워 넣는 것이다.

⑤ 모서리 위치에 와야 할 조각이 ⑥에 있거나 그 반대인 경우에는(해당 조각이 '방향 뒤집기'가 된 상태이기 때문에, 쉽게 파악할 수 있을 것이다), H₄ 공식을 사용해서 그 모서리 조각을 빼낸다. (이때 운 좋게 다른 모서리 조각 하나가 맞춰질 수도 있다!)

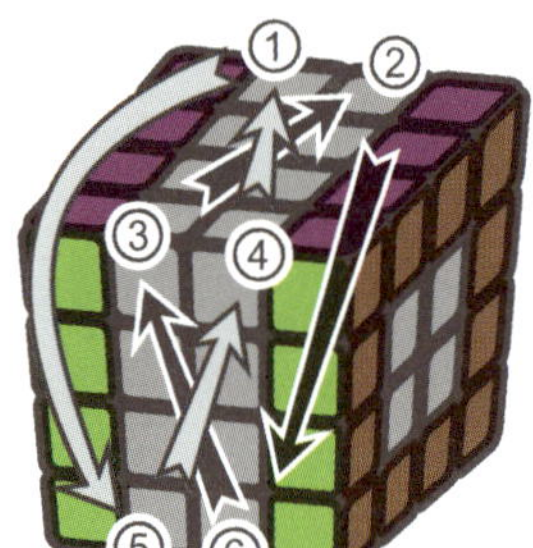

$$H_4 = H_2\ Rs\!\downarrow = U\cup\cup\ Rs\!\uparrow\ U\cup\cup\ Rs\!\downarrow$$
$$⑤\rightarrow④\rightarrow①\rightarrow⑤$$
$$⑥\rightarrow③\rightarrow②\rightarrow⑥$$

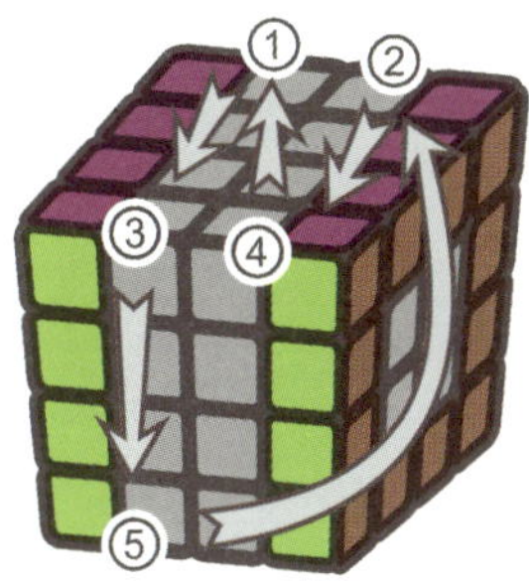

다음으로 H_5(Rs 대신에 R3이 들어간 것 외에는 H_4와 동일) 공식
을 사용해서 ⑤ 모서리 위치에 올바른 모서리 조각을 채워 넣는다.

$$H_5 = U\,\cup\cup\ R3\uparrow\ U\,\cup\cup\ R3\downarrow$$
$$⑤→②→④→①→③→⑤$$

이 공식을 최대 4번까지 사용해야 할 수도 있지만 아주 쉬운 공식이니 걱정할 필요는 없다(또는 맞춰야 하는
모서리 조각이 ⑤나 ⑥ 모서리 위치에 방향이 뒤집혀 있을 경우, 가능하다면 역-H_5 공식을 응용해볼 수도 있
을 것이다).

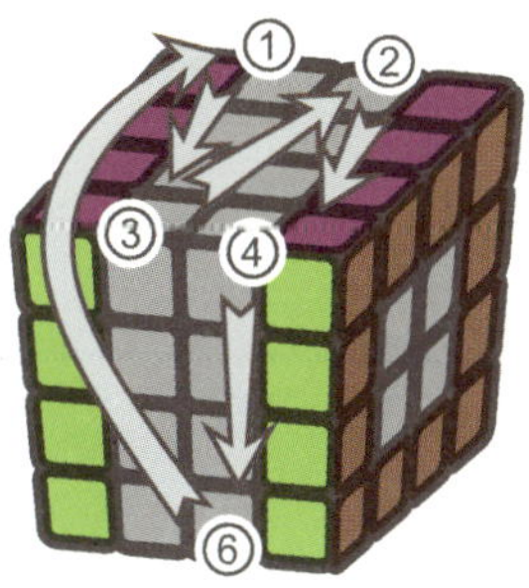

⑥으로 모서리 조각을 맞춰 넣을 때에는 (다들 짐작했겠지만) 유
사한 공식 H_6을 사용한다.

$$H_6 = U\,\cup\cup\ R2\uparrow\ U\,\cup\cup\ R2\downarrow$$
$$⑥→①→③→②→④→⑥$$

이 과정을 거치고 나면, ⑤와 ⑥ 모서리 조각들이 바로 맞춰질 것이다. 이제 모서리 조각 4개만 더 맞추면 된다.

4.7
남은 모서리 조각 맞추기

전체 해법에서 가장 어려운 부분이다. 남은 모서리 조각 4개가 배치될 수 있는 경우의 수가 무려 24개나 되고, 이를 맞추기 위해 사용하게 될 공식이 어떤 원리로 조각들의 위치를 바꿔주는지 분명히 이해하기가 쉽지 않기 때문이다. 일단 맞춰야 할 모서리 조각 4개를 Ⓐ Ⓑ Ⓒ Ⓓ라고 이름 붙여보자. (앞에서 사용한 것처럼 ① ② ③ ④라고 불러도 상관없지만, 혼동하지 않도록 새로운 이름을 붙였다.)

24가지 상황 중 12가지는 '홀수' 배치(모서리의 위치를 홀수 번 서로 맞바꿔야 하는 배치 상태)이고, 다른 12가지는 '짝수' 배치이다. 먼저 현재 큐브에서 남은 모서리 조각들이 '홀수' 배치인지 '짝수' 배치인지 파악하자.

아래 나오는 12가지 상황은 '홀수' 배치이다. 한 쌍의 모서리 조각들만 서로 위치를 맞교환해주는 경우 또는 모서리 조각이 움직여야 하는 방향 화살표 4개가 하나의 순환 고리를 만들면서 4개 모서리 조각 모두의 위치를 서로 바꿔주는 경우이다.

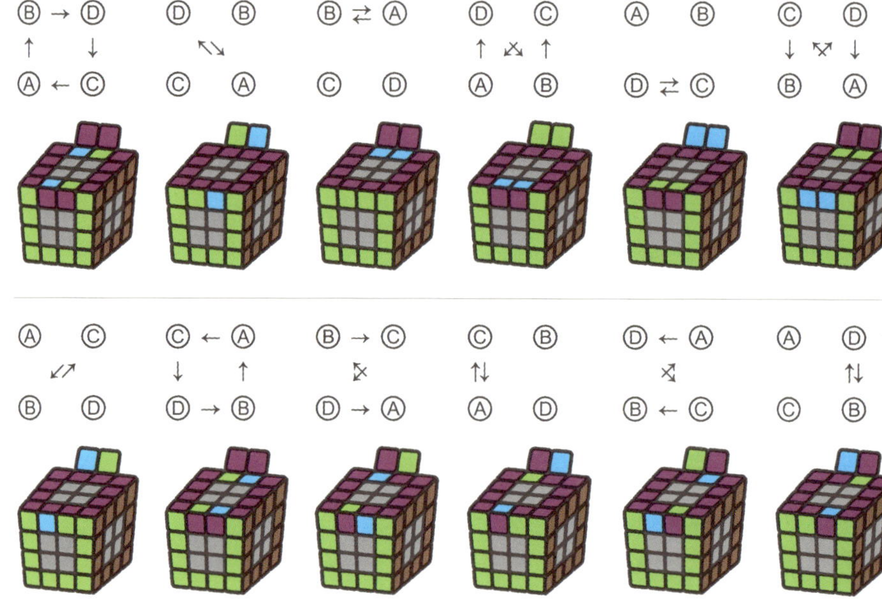

모서리 조각 배치가 '홀수'라면 오른쪽의 W 공식을 사용해서 '짝수' 배치로 만들어야 한다.

(W 공식의 대체 공식은 R2↓↓ U◡◡ R2↓ U◡◡ R2↓↓이다. 이 공식은 외우기 쉽지만 내부층 회전이 더 많다. 둘 중에서 더 마음에 드는 공식을 사용하면 된다.)

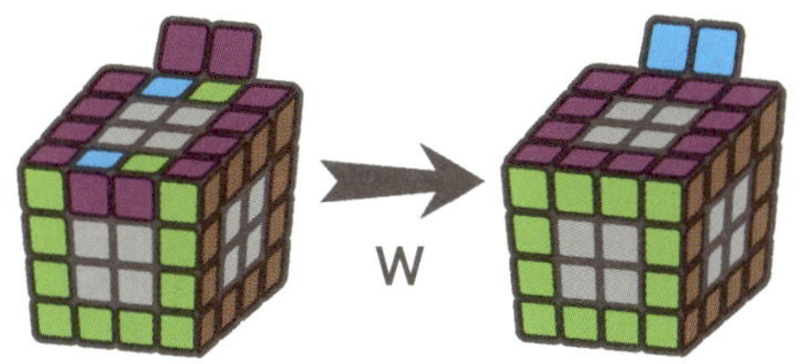

(복습: Uu와 Rr은 내부층 2개를 한꺼번에 돌린다는 의미다.)

이 공식을 사용하면 남은 모서리 조각 배치가 다음에 나오는 '짝수' 배치 상황 중 하나가 될 것이다.

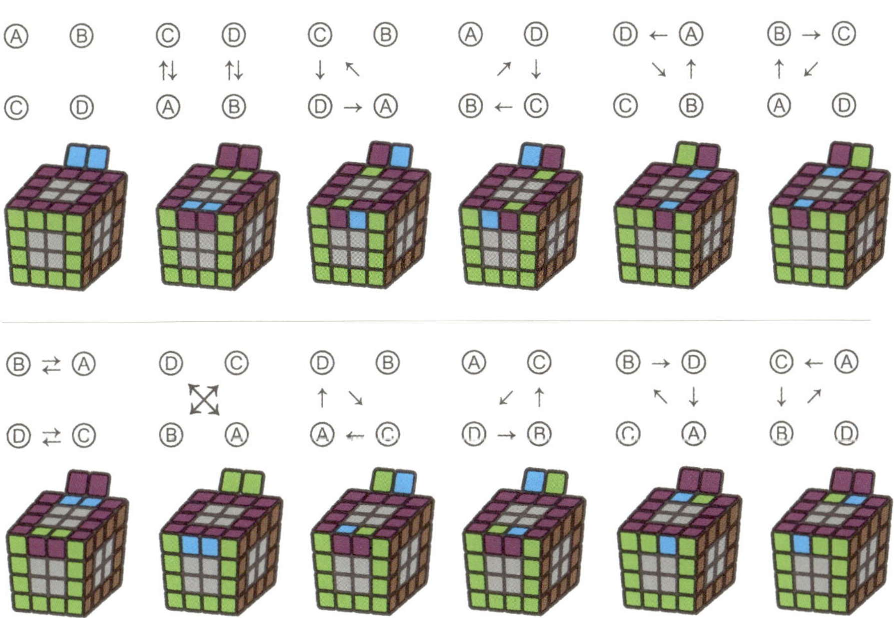

윗줄 맨 왼쪽의 배치 상황은 모서리가 다 맞춰진 상태이다. 따라서 다른 11개를 맞추는 방법만 알면 된다. 11개 배치 상황 중에서 (오른편에 있는) 8개는 모서리 조각 3개를 서로 순환시키면서 위치를 바꿔야 하는 상황이고, 하나의 공식을 변형해서 사용하면 모두 맞출 수 있다. 그 공식은 다음 쪽에서 소개할 것이다.

이 공식은 모서리 조각 3개의 위치를 바꾸는 기본 공식이다.

$$T_1 = \begin{array}{l} Rr\downarrow\ D\rightarrow \\ R3\downarrow\ U\circlearrowleft\ R\downarrow\downarrow\ U\circlearrowleft \\ R3\uparrow\ U\circlearrowleft\ R\uparrow\uparrow\ U\circlearrowleft \\ D\leftarrow\ Rr\uparrow \end{array}$$

이 기본 공식은 좌우 대칭과 역순을 통해 3가지 변형 공식으로 유도된다.

$$T_2 = \begin{array}{l} Rr\downarrow\ D\rightarrow \\ U\circlearrowleft\ R\downarrow\downarrow\ U\circlearrowleft\ R3\downarrow \\ U\circlearrowleft\ R\uparrow\uparrow\ U\circlearrowleft\ R3\uparrow \\ D\leftarrow\ Rr\uparrow \end{array}$$

$$T_3 = \begin{array}{l} Ll\downarrow\ D\rightarrow \\ R2\downarrow\ U\circlearrowleft\ R\downarrow\downarrow\ U\circlearrowleft \\ R2\uparrow\ U\circlearrowleft\ R\uparrow\uparrow\ U\circlearrowleft \\ D\leftarrow\ Ll\uparrow \end{array}$$

$$T_4 = \begin{array}{l} Ll\downarrow\ D\rightarrow \\ U\circlearrowleft\ R\downarrow\downarrow\ U\circlearrowleft\ R2\downarrow \\ U\circlearrowleft\ R\uparrow\uparrow\ U\circlearrowleft\ R2\uparrow \\ D\leftarrow\ Ll\uparrow \end{array}$$

이 공식들은 '조각들의 위치를 바꾸기 위해 임시 위치로 조각들을 옮긴 후, 임시 위치에서 조각들의 위치를 바꾼 다음 다시 본래의 위치로 되돌려놓는' 공식들의 결합을 원리로 사용한다.

여기에서 처음의 2회전은 UF 모서리 조각 중 하나를 DR 모서리 위치로 옮기고, 다음 8회전으로 3개 모서리 조각들의 위치가 서로 바뀌게 되며, 마지막 2회전은 그 DR 모서리 조각(이제는 다른 조각)을 원래의 UF 모서리 조각 위치로 되돌려준다.

기호 'Ll'은 'L' 뒤에 소문자 'l'을 덧붙인 것이다. 다시 말하면, L층과 L2층을 한꺼번에 돌린다는 뜻이다.

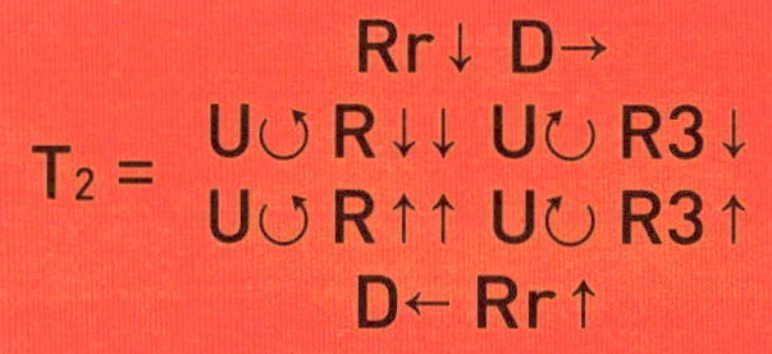

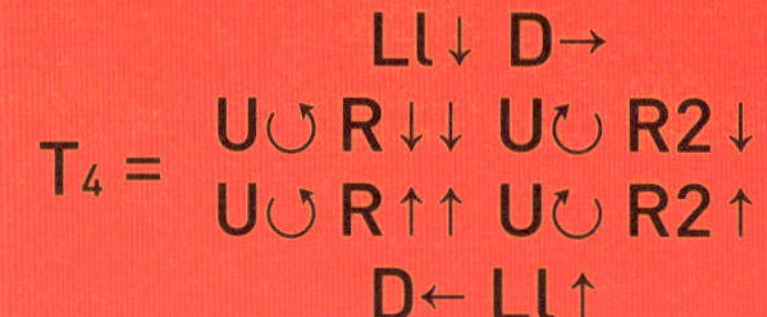

모서리 조각 3개의 위치를 서로 바꿔주어야 하는 나머지 네 배치의 경우에는 오른쪽 면과 왼쪽 면이 서로 바뀌고 앞면과 뒷면이 서로 바뀌도록 윗면의 방향은 유지한 채 큐브를 180도 돌려 잡아주기만 하면 된다. 그리고 나서 왼쪽의 T 공식 중에서 적절한 공식을 적용하면 된다.

또 다른 모서리 조각 배치 3가지('2쌍 맞바꿈')를 해결하는 최선책은 여기에 나온 특별한 공식 3개를 배우는 것이다. 세 공식 모두 꽤 간단하다(그리고 하나는 이미 알고 있는 공식이다). (이 공식을 외우지 않는 대안은 앞 쪽의 T 공식 중 아무거나 하나를 사용하는 것이다. 그렇게 하면 4개의 모서리 조각 중 하나가 맞춰진다. 그 다음 남은 3개의 모서리 조각을 다시 적절한 T 공식을 선택하여 맞추면 된다.)

B ⇄ A

D ⇄ C

이 경우가 가장 쉽다. 3.6항에서 다룬 '두 모서리 조각 방향 뒤집기'와 동일한 상황이기 때문이다. 기억을 되살리기 위해 공식을 여기에 다시 써두었다.

$$V_1 = K_2\ Rs{\uparrow}\ K_1\ Rs{\downarrow}$$
$$= F{\circlearrowleft}\ U{\circlearrowleft}\ R{\uparrow}\ F{\circlearrowleft}\ U{\circlearrowleft}\ Rs{\uparrow}$$
$$U{\circlearrowleft}\ F{\circlearrowleft}\ R{\downarrow}\ U{\circlearrowleft}\ F{\circlearrowleft}\ Rs{\downarrow}$$

D   C

↖↘

B   A

이 공식* 은 WW(180도 회전들이 서로 상쇄된다)와 똑같다.

$$V_2 = Rr{\downarrow}{\downarrow}\ Uu{\circlearrowleft}{\circlearrowleft}$$
$$R2{\downarrow}{\downarrow}\ Uu{\circlearrowleft}{\circlearrowleft}\ Rr{\downarrow}{\downarrow}$$

C   D

↕   ↕

A   B

V_1V_2를 사용하거나 더 짧은 공식인 V_3을 사용한다.

$$V_3 = F{\circlearrowleft}{\circlearrowleft}\ R2{\downarrow}\ F{\circlearrowleft}{\circlearrowleft}\ R2{\uparrow}$$
$$R3{\downarrow}\ F{\circlearrowleft}{\circlearrowleft}\ R3{\uparrow}\ F{\circlearrowleft}{\circlearrowleft}$$

V_2와 V_3 공식에는 작은 단점이 있지만, 자신의 해법 체계를 직접 고안하는 사람이 아니라면 아마 이 점은 전혀 신경 쓸 일이 아닐 것이다. 이 공식들의 단점은 중앙 조각들의 일부 배치를 섞어버리는 것이다. 따라서 다음에 여러분이 중앙 조각부터 먼저 맞추는 방식을 택하기로 했다면, V_2와 V_3 같은 효과를 주되 이런 부작용이 없는 공식을 사용해야 할 것이다. 여기 그러한 공식이 있다.

$$V_2\ (대체) = Ff{\circlearrowleft}{\circlearrowleft}\ U{\circlearrowleft}{\circlearrowleft}\ Ff{\circlearrowleft}\ U{\circlearrowleft}{\circlearrowleft}\ Ff{\circlearrowleft}{\circlearrowleft}$$
$$U{\circlearrowleft}{\circlearrowleft}\ Ff{\circlearrowleft}{\circlearrowleft}\ U{\circlearrowleft}{\circlearrowleft}\ Ff{\circlearrowleft}\ U{\circlearrowleft}{\circlearrowleft}\ Ff{\circlearrowleft}{\circlearrowleft}$$

$$V_3\ (대체) = F{\circlearrowleft}\ U{\circlearrowleft}{\circlearrowleft}\ R{\uparrow}\ U3{\leftarrow}{\leftarrow}\ R{\downarrow}\ U{\circlearrowleft}{\circlearrowleft}\ F{\circlearrowleft}\ U{\circlearrowleft}{\circlearrowleft}$$
$$F{\circlearrowleft}\ U{\circlearrowleft}{\circlearrowleft}\ R{\uparrow}\ U3{\leftarrow}{\leftarrow}\ R{\downarrow}\ U{\circlearrowleft}{\circlearrowleft}\ F{\circlearrowleft}\ U{\circlearrowleft}{\circlearrowleft}$$

4.8
남은 중앙 조각 맞추기

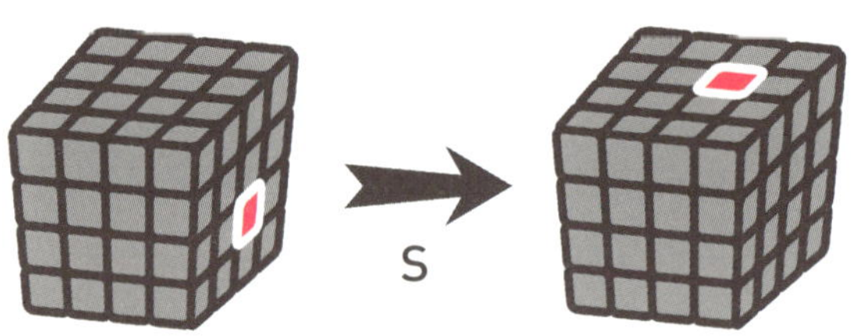

마지막 단계는 앞선 단계보다 더 쉽다. 여기에서는 오른쪽 면의 오른쪽 아래 중앙 조각(실제로는 아래쪽-뒤쪽)을 윗면의 오른쪽 위 중앙 조각(실제로는 오른쪽-뒤쪽) 위치로 옮겨주는 공식이 필요하다.

중앙 조각의 위치 이동을 위해 사용할 기본 공식은 한 번에 중앙 조각 3개의 위치를 서로 바꿔준다.

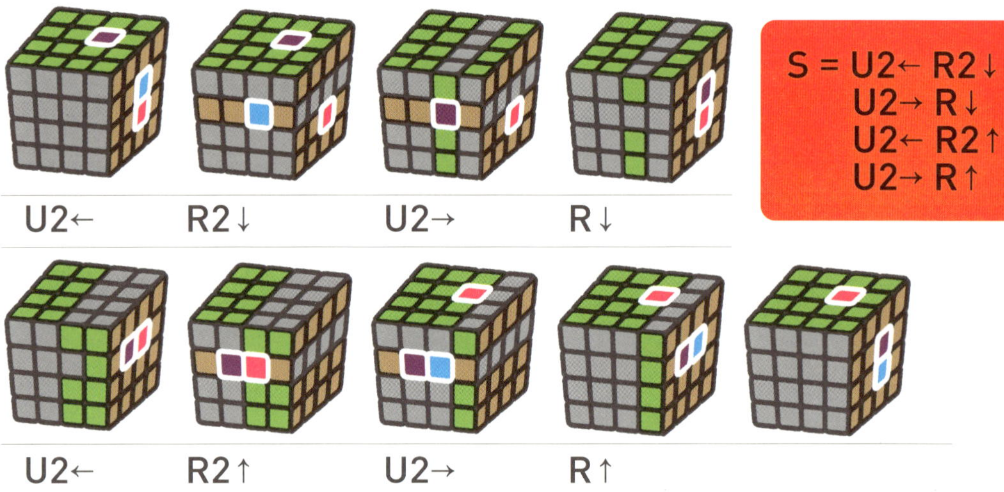

4.1항에서 L면의 중앙 조각을 이미 맞춰놨기 때문에, R면을 오른쪽으로 가게 고정시키고 다른 면이 U층으로 가도록 큐브를 돌려 잡는 방법을 사용하면 모든 면의 중앙 조각들을 맞출 수 있다. 개괄적인 순서는 오른쪽과 같다.

1. R면에 잘못 들어와 있는 중앙 조각 하나를 찾는다.
2. 그 조각이 옮겨가야 할 면이 윗면이 되도록 큐브를 돌려 잡아준다.
3. 옮길 중앙 조각이 아래쪽-뒤쪽(R면에서 오른쪽 아래 중앙 조각 위치)으로 가도록 R층을 돌려준다.
4. 그 중앙 조각이 옮겨가야 할 위치가 오른쪽-뒤쪽(U면에서 오른쪽 위 중앙 조각 위치)으로 가도록 U층을 돌려준다.
5. S 공식을 사용한다.
6. 4단계에서 했던 회전을 반대로 해준다.
7. 3단계에서 했던 회전을 반대로 해준다.
8. 1단계부터 다시 반복한다.

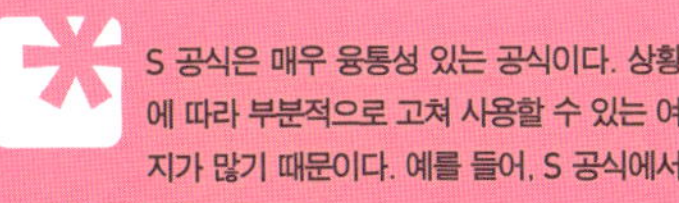

예를 하나 들어보자.

	1. R면에 잘못 들어와 있는 중앙 조각 하나를 찾는다.
	2. 그 조각이 옮겨가야 할 면이 윗면이 되도록 큐브를 돌려 잡아준다.
	3. 옮길 중앙 조각이 아래쪽–뒤쪽(R면에서 오른쪽 아래 중앙 조각 위치)으로 가도록 R층을 돌려준다.
	4. 그 중앙 조각이 옮겨가야 할 위치가 오른쪽–뒤쪽(U면에서 오른쪽 위 중앙 조각 위치)으로 가도록 U층을 돌려준다.
	5. S 공식을 사용한다. 원한다면 S 공식을 사용하기 전에 6, 7단계를 한 번 실제로 해보자.
	6. 4단계에서 했던 회전을 반대로 해준다.* 조금만 생각해보면, 이 회전을 3단계에서 했던 회전을 반대로 되돌려주는 것보다 먼저 해야 한다는 점이 명백해질 것이다.
	7. 3단계에서 했던 회전을 반대로 해준다.

종종 R면의 중앙 조각은 다 맞춰졌지만 다른 면의 중앙 조각 일부를 더 맞춰야 하는 상황에 부닥칠 때도 있다(R면에 잘못 들어와 있는 중앙 조각이 옮겨가야 할 위치에 R면의 색상이 오지 않게끔 해주면 이러한 상황은 대부분 예방할 수 있다). 이런 경우라면, 이미 멋지게 다 맞춰진 R면을 다시 부수고 중앙 조각 중 하나를 다른 면으로 옮겨주는 수밖에 없다. S 공식을 사용해서 R면의 중앙 조각 하나를 다른 면에 아직 맞춰지지 않은 중앙 조직 위치로 옮겨준다. 이렇게 하면 잘못 들어가 있던 중앙 조각 하나가 R면의 중앙 조각 위치 중 어딘가로 옮겨질 것이다. 그러고 나면 맞추기를 계속 진행할 수 있다. 예를 들어보자.

여기서 R면은 완전히 맞춰진 상태다.

S 공식을 사용하면 R면의 중앙 조각 하나가 다른 면으로 밀려 나가고 잘못된 중앙 조각 하나가 R면으로 온다.

마침내 여러분은 모든 중앙 조각들을 제자리로 보낼 수 있을 것이고, 이로써 큐브가 다 맞춰질 것이다! *

'중앙 조각을 마지막에 맞추는 방식'의 해법은 이해하기 가장 쉽지만 큐브 맞추는 속도가 느린 방법 중 하나다. 중앙 조각을 맞추는 공식에서 내부층 회전을 많이 포함하게 되고 내부층 1회전은 각각 2회의 유효 회전수를 갖기 때문이다. 반면 중앙 조각부터 먼저 맞추면 큐브 맞추는 시간을 상당히 절약할 수 있지만, 이때 주의할 점은 앞서 언급한 T 공식처럼 귀퉁이 조각을 맞추는 공식들이 이미 맞춰 놓은 중앙 조각들을 섞지 않도록 해야 한다는 것이다. 두 쪽 뒤에서 이 점에 대해 더 자세히 설명할 것이다.

잘했다! 스스로를 칭찬해주자.

3×3×3 큐브에 익숙해져 있는 사람은 4×4×4 큐브를 맞출 때, 가장 먼저 중앙 조각과 모서리 조각을 맞춰 큐브를 축소시키는 방식으로 맞추려고 한다. 그렇게 해서 3×3×3 큐브처럼 만들어 맞추면 간단하다고 생각한다.

실제로 이 방식을 쓰면 대체로 간단해지는 게 사실이다. 그러나 두 번 중 한 번꼴로 왼쪽 그림처럼 모서리 조각들이 '홀수 배치'(4.7항 참고)되는 상황이 발생하여 3×3×3 큐브를 맞출 때 사용하는 그 어떤 방법으로도 이를 해결할 수 없게 된다.

이렇게 되는 이유는 겉보기에 다 맞춰진 것처럼 보이는 중앙 조각들이 실제로는 똑같이 생겼을 뿐 서로 위치가 바뀌어 맞춰졌을 수 있기 때문이다. 이렇게 되면 해당 중앙 조각들의 위치를 다시 바꿔주어야 한다. 이 책에서 제시하는 해법은 중앙 조각을 맞추기 전에 이 문제를 교묘하게 처리하기 때문에 그런 난관에 빠질 염려가 없다.

그렇다면 중앙 조각부터 먼저 맞추는 해법을 사용할 때 모서리 조각 홀수 배치 문제를 해결하기 위해 많은 중앙 조각들을 움직이는 수고를 하지 않으려면 어떻게 해야 할까?

아래는 모서리 조각 3개의 위치를 순환하는 가장 간단한 공식이다.

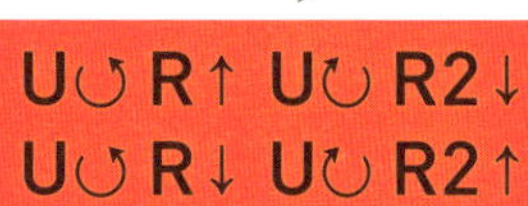

처음의 3회전은 R2 내부층의 나머지 조각들을 섞이지 않게 하면서, 연두색 모서리 조각을 보라색 모서리 조각이 있던 위치로 옮긴다. 그리고 보라색 모서리 조각이 분홍색 모서리 조각이 처음 있던 위치로 이동하도록 R2 내부층을 움직인다. 5~7회전은 처음 3회전의 움직임을 되돌려주는데, 그러면 보라색 모서리 조각이 되돌아올 것이다. 그리고 8회전은 R2 내부층을 원상태로 복구시킨다.

세 모서리 조각의 위치 순환 원리를 이해하려고 노력해보자. 이는 4.5항의 별표 상자에서 소개된 공식은 물론 T 공식의 기본 원리이다. 상황에 따라 변형(R층의 회전을 바꾸거나, 다른 층을 회전시킴)해서 사용하면, 어떤 3개의 모서리 조각들이라도 위치 순환할 수 있다.

그렇다면 두 모서리 조각의 위치 바꾸기는 어떻게 해야 할까? 모서리 조각 3개의 위치 순환을 반복해서는 절대로 해결할 수 없을 것이다. 어떻게 해야 할까?

간단하다. R2↓ 회전을 하면 위치 순환하는 모서리 조각이 5개로 늘어난다. 그것을 세 모서리 조각 순환 공식을 사용해 맞출 수 있을 것이다.

기본적으로 이 모든 과정은 모서리 조각의 홀수 배치 상황 문제를 중앙 조각의 홀수 배치 상황 문제로 바꿔준다. 이제 서로 위치를 순환해야 하는 4개의 중앙 조각 쌍이 생겼을 것이다. 그러나 이 상황은 쉽게 바로잡을 수 있다.

이 공식은 R2층의 중앙 조각 쌍들과 U층 왼쪽 편의 중앙 조각 쌍까지 5개의 중앙 조각 쌍들의 위치를 순환시킨다. 이때 R면을 두 중앙 조각 쌍들의 위치를 교환하는 곳으로 활용하게 된다.

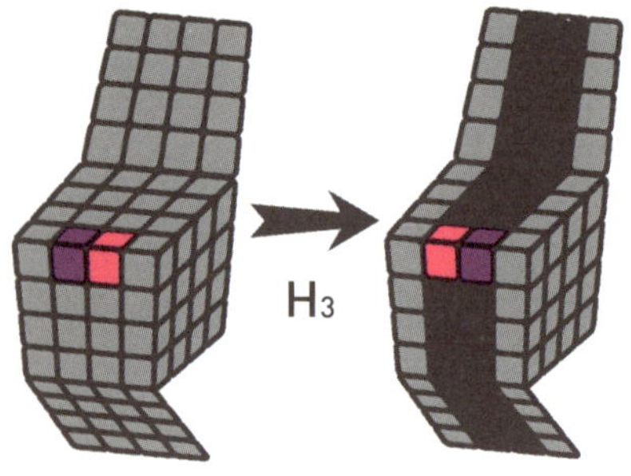

여기에서는 4×4×4 큐브에서 새로 배운 모든 공식들을 복습해보자. 3×3×3 해법에서 소개한 부분은 생략했다. 3×3×3 해법에서와 마찬가지로 공식을 사용할 때 큐브에서 섞이게 되는 부분을 검정색으로 표시한다. (이번에는 화살표를 넣지 않을 것이다. 많은 화살표들이 얽혀서 정말 헷갈리기 때문이다.)

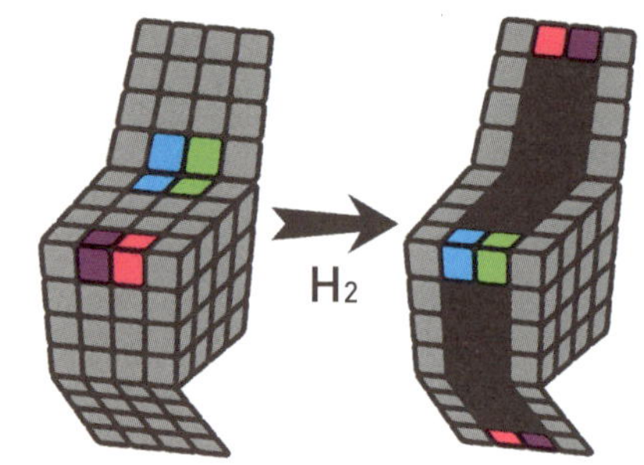

$$H_2 = U \cup \cup Rs \uparrow U \cup \cup$$

$$H_3 = H_2\, Rs \uparrow \uparrow = U \cup \cup Rs \uparrow U \cup \cup Rs \uparrow \uparrow$$

$$H_4 = H_2\, Rs \downarrow = U \cup \cup Rs \uparrow U \cup \cup Rs \downarrow$$

$$H_5 = U \cup \cup R3 \uparrow U \cup \cup R3 \downarrow$$

$$H_6 = U \cup \cup R2 \uparrow U \cup \cup R2 \downarrow$$

$$W = Rr \downarrow \downarrow Uu \cup \cup R2 \downarrow Uu \cup \cup Rr \downarrow \downarrow$$

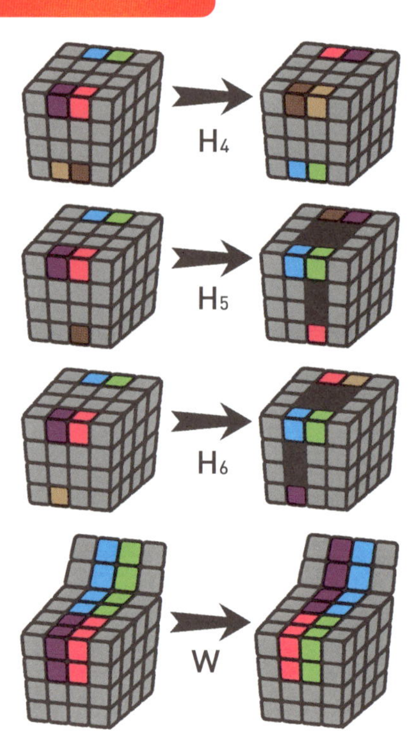

$$T_1 = \begin{array}{c} \text{Rr}\downarrow \ \text{D}\rightarrow \\ \text{R3}\downarrow \ \text{U}\circlearrowleft \ \text{R}\downarrow\downarrow \ \text{U}\circlearrowleft \\ \text{R3}\uparrow \ \text{U}\circlearrowleft \ \text{R}\uparrow\uparrow \ \text{U}\circlearrowleft \\ \text{D}\leftarrow \ \text{Rr}\uparrow \end{array}$$

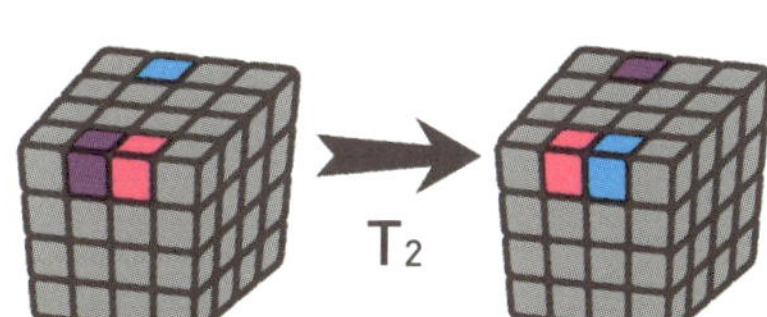

$$T_2 = \begin{array}{c} \text{Rr}\downarrow \ \text{D}\rightarrow \\ \text{U}\circlearrowleft \ \text{R}\downarrow\downarrow \ \text{U}\circlearrowleft \ \text{R3}\downarrow \\ \text{U}\circlearrowleft \ \text{R}\uparrow\uparrow \ \text{U}\circlearrowleft \ \text{R3}\uparrow \\ \text{D}\leftarrow \ \text{Rr}\uparrow \end{array}$$

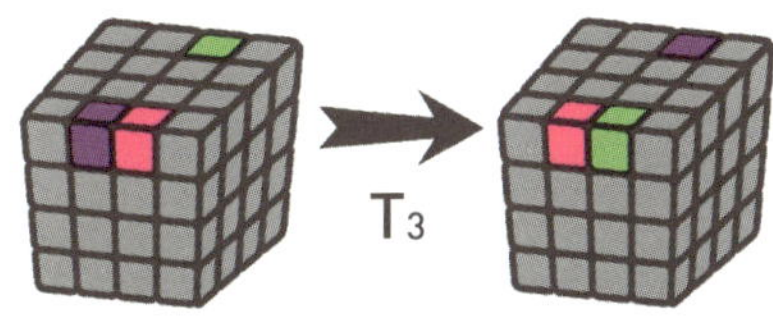

$$T_3 = \begin{array}{c} \text{Ll}\downarrow \ \text{D}\rightarrow \\ \text{R2}\downarrow \ \text{U}\circlearrowleft \ \text{R}\downarrow\downarrow \ \text{U}\circlearrowleft \\ \text{R2}\uparrow \ \text{U}\circlearrowleft \ \text{R}\uparrow\uparrow \ \text{U}\circlearrowleft \\ \text{D}\leftarrow \ \text{Ll}\uparrow \end{array}$$

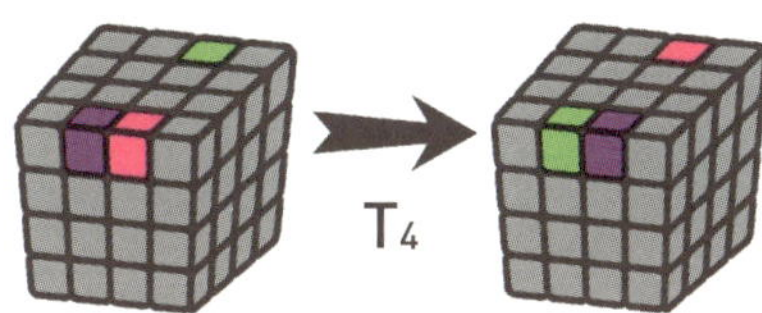

$$T_4 = \begin{array}{c} \text{Ll}\downarrow \ \text{D}\rightarrow \\ \text{U}\circlearrowleft \ \text{R}\downarrow\downarrow \ \text{U}\circlearrowleft \ \text{R2}\downarrow \\ \text{U}\circlearrowleft \ \text{R}\uparrow\uparrow \ \text{U}\circlearrowleft \ \text{R2}\uparrow \\ \text{D}\leftarrow \ \text{Ll}\uparrow \end{array}$$

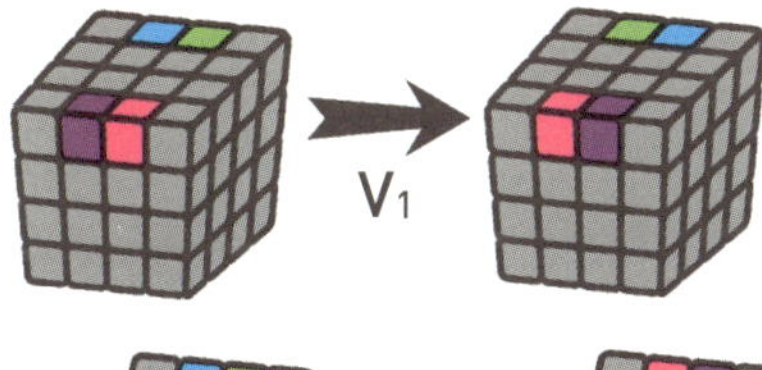

$$\begin{aligned} V_1 &= \text{K}_2 \ \text{Rs}\uparrow \ \text{K}_1 \ \text{Rs}\downarrow \\ &= \text{F}\circlearrowleft \ \text{U}\circlearrowleft \ \text{R}\uparrow \ \text{F}\circlearrowleft \ \text{U}\circlearrowleft \ \text{Rs}\uparrow \\ &\quad \text{U}\circlearrowleft \ \text{F}\circlearrowleft \ \text{R}\downarrow \ \text{U}\circlearrowleft \ \text{F}\circlearrowleft \ \text{Rs}\downarrow \end{aligned}$$

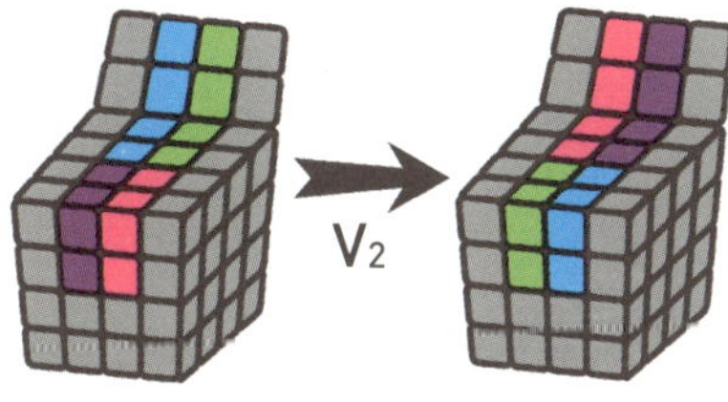

$$V_2 = \begin{array}{c} \text{Rr}\downarrow\downarrow \ \text{Uu}\circlearrowleft\circlearrowleft \\ \text{R2}\downarrow\downarrow \ \text{Uu}\circlearrowleft\circlearrowleft \ \text{Rr}\downarrow\downarrow \end{array}$$

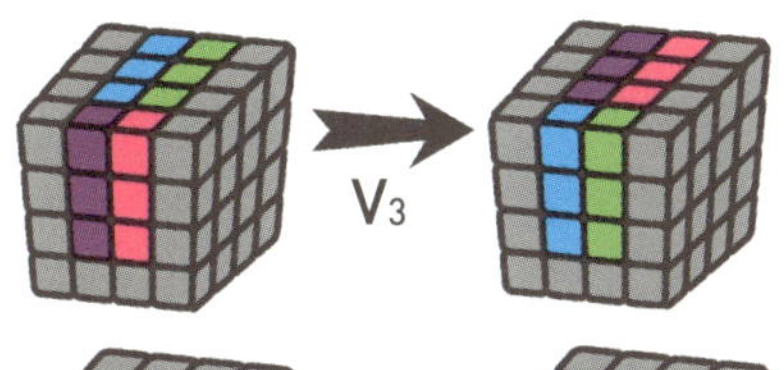

$$V_3 = \begin{array}{c} \text{F}\circlearrowleft\circlearrowleft \ \text{R2}\downarrow \ \text{F}\circlearrowleft\circlearrowleft \ \text{R2}\uparrow \\ \text{R3}\downarrow \ \text{F}\circlearrowleft\circlearrowleft \ \text{R3}\uparrow \ \text{F}\circlearrowleft\circlearrowleft \end{array}$$

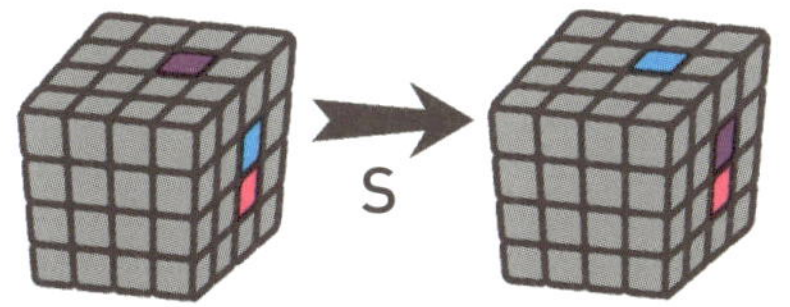

$$S = \begin{array}{c} \text{U2}\leftarrow \ \text{R2}\downarrow \ \text{U2}\rightarrow \ \text{R}\downarrow \\ \text{U2}\leftarrow \ \text{R2}\uparrow \ \text{U2}\rightarrow \ \text{R}\uparrow \end{array}$$

5×5×5, 6×6×6, 7×7×7 큐브 맞추기

여기서는 독자들이 4×4×4 이하의 큐브를 맞추는 방법을 알고 있다는 전제하에, 5×5×5 큐브 해법을 두 가지로 방식으로 나눠서 설명한다. 하나는 '전체법'이고 다른 하나는 '축소법'이다. 마음에 드는 방법을 선택해서 적용하면 된다.

5×5×5 큐브 맞추기

전체법 _ 설명은 길지만, 빨리 맞출 수 있는 방법

5.1

U면 중앙 조각 맞추기

4.1항에서 했던 것과 비슷한 방식으로 U면의 중앙 조각들을 맞춘다. 중앙 조각 3개로 '작은 줄'을 만든 다음, 이를 윗면으로 올린다.

### 5.2 U층 귀퉁이 조각 맞추기	### 5.3 U층 모서리 조각 맞추기	### 5.4 남은 귀퉁이 조각 맞추기

4.2항, 3.1.2항과 같다.	중앙모서리 조각은 3.2항의 방법을 사용하고, 옆모서리 조각은 4.3항의 방법을 사용해 맞춘다.	큐브의 위아래가 바뀌도록 돌려 잡은 후, 3.3항의 방법을 이용해서 남은 귀퉁이 조각을 맞춘다.

R층 모서리 조각 맞추기

맞춰진 면이 왼쪽 면이 되도록 큐브를 돌려 잡은 후 4.5
항과 동일한 방법으로 R면의 모서리를 채워 넣는다. 중앙
모서리 조각의 방향 뒤집기를 자주 해주어야 할 것이다.
중앙모서리를 UF 중앙모서리 위치로 옮긴 후 U∪∪ R3↑
U∪∪ R3↑↑(4.6항의 공식과 유사하다) 공식을 사용하면
그 중앙모서리 조각의 방향 뒤집기를 할 수 있다.

5.6

남은 모서리 조각 맞추기

옆모서리 조각을 맞출 때 4.6항과 4.7항의 방법을,
중앙모서리 조각을 맞출 때 3.5항의 방법을 사용하
면 된다.

5.7

남은 중앙 조각 맞추기

기본적으로 4.8항의 S 공식을 변형하여 어떤 내부층을 바
꿀 수 있는지 알아낼 수 있다면 충분하다. 여러분을 도와
줄 S 공식의 2가지 변형(R2를 이용한 공식과 R3를 이용
한 공식)을 아래에 소개한다.

$$S_2 = U2← R2↓ U2→ R↓$$
$$U2← R2↑ U2→ R↑$$

$$S_3 = U2← R3↓ U2→ R↓$$
$$U2← R3↑ U2→ R↑$$

축하한다! 드디어 5×5×5 큐브를 다 맞
추었다.

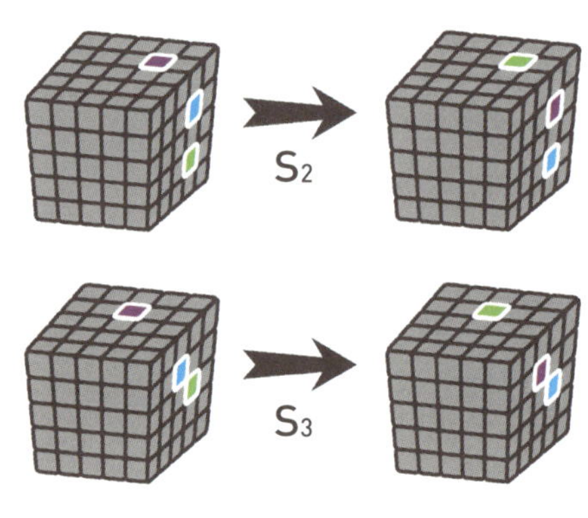

축소법 _ 설명은 짧지만, 시간이 오래 걸리는 방법

5.1

4×4×4 큐브 해법 사용

중앙 내부층을 완전히 무시한 채 4×4×4 큐브라고 가정하며 큐브를 맞춘다. (추가 선택사항으로, 4.1 단계를 할 때 맞추는 면의 중앙 내부층까지 포함해서 그 면의 중앙 조각 전체를 다 맞추어도 좋다. 이렇게 하면 아래의 5.4 단계를 하는 시간을 절약해줄 것이다.)

5.2

정중앙 조각 맞추기

중앙 내부층을 돌려서 모든 중앙 조각을 맞춘다(지금쯤 이미 다 맞춰졌을지도 모른다). 도움이 필요하다면 3.1항의 첫 부분을 확인해보자. 여기에서는 중앙 내부층을 회전시켜 정중앙 조각을 움직여갈 것이다.

5.3

3×3×3 큐브 해법으로 중앙 모서리 조각 맞추기

5×5×5 큐브를 외부층이 '두꺼운' 3×3×3 큐브라고 생각하고, 중앙모서리 조각들을 맞추자(아직은 맞춰지지 않은 중앙 조각에 신경 쓸 필요가 없다). 이 과정에서는 3.2, 3.4, 3.5, 3.6항의 공식들만 필요할 것이다. (5×5×5 큐브의 중앙모서리 조각을 맞출 때에는 4×4×4 큐브의 모서리 조각에서 발생하는 모서리의 '홀수' 배치 문제는 생기지 않을 것이다.)

5.4

남은 중앙 조각 맞추기

여기에서는 4.8항에서 사용한 변형된 S 공식이 필요하다. 이 공식은 한 번에 3개의 중앙 조각 위치를 서로 바꿔줄 것이다(위 그림에서 강조된 부분). 4.8항과 같은 방법으로 이 공식을 반복해서 사용하면, 큐브의 나머지 부분을 다 맞출 수 있을 것이다!

6×6×6 큐브 맞추기

여기에서는 축소법만 보여줄 것이다. 전체법이 더 좋다고 생각한다면 5×5×5 큐브 해법을 참조하여 여러분 스스로 알아낼 수 있을 것이다!

6.1

4×4×4 큐브 해법 사용

맨 안쪽의 두 내부층들을 완전히 무시하고 큐브가 4×4×4 큐브라고 생각하여 큐브를 맞춘다. (추가 선택사항으로, 4.1 단계를 할 때 맞추는 면의 중앙 내부층까지 포함해서 그 면의 중앙 조각 전체를 다 맞추어도 좋다. 이렇게 하면 아래의 6.3 단계를 하는 시간을 절약해줄 것이다.)

6.2

4×4×4 큐브 해법 다시 사용

이번에는 외부층들이 하나의 '두꺼운' 층이라고 생각하고, 4×4×4 큐브 해법을 다시 사용한다. '귀퉁이 조각'은 이미 맞춰진 상태이기 때문에, 모서리와 중앙 조각을 맞추는 장의 공식들만 필요할 것이다.

6.3

남은 중앙 조각을 맞추기 위한 'S 공식' 사용

$$U2{\leftarrow}\ R3{\downarrow}\ U2{\rightarrow}\ R{\downarrow}$$
$$U2{\leftarrow}\ R3{\uparrow}\ U2{\rightarrow}\ R{\uparrow}$$

5×5×5 큐브를 맞출 때와 마찬가지로, 4.8항의 변형된 S 공식을 사용해서 큐브를 완성시킨다. 예를 들어 그러한 변형 공식 하나를 소개한다. 이 공식은 왼쪽에서 강조된 3개의 중앙 조각 위치를 서로 바꿔준다.

중요한 점 하나를 언급하자면, 남아 있는 24개의 중앙 조각들이 모두 서로 자리를 바꿀 수 있을 것 같지만, 실제로는 두 종류의 한손잡이(앞에서도 한 번 나왔지만 원문에 충실하게 번역하고자 하였고 왼손잡이, 오른손잡이를 의미한다. 비대칭성을 비유한 표현이다 — 옮긴이)들이다.

'오른손잡이' 중앙 조각(오른쪽 그림에서 강조된 부분)은 해당 조각이 있는 층을 어떻게 돌려도 항상 '오른손잡이' 중앙 조각의 위치에만 갈 수 있다. 따라서 이런 중앙 조각들을 '왼손잡이' 중앙 조각과 위치를 맞바꾸려는 시도는 하지 않는 것이 좋다. 그런 일은 일어나지 않을 테니까 말이다. 이제 6×6×6 큐브를 다 맞추었다면 다음으로 넘어가보자.

이쯤 되면 눈치가 빠른 독자들은 7×7×7 큐브 해법을 스스로 만들 수 있을 것이다.

7×7×7
큐브
맞추기

7.1

6×6×6 큐브 해법 사용

중앙 내부층을 무시하고 6×6×6 큐브 해법을 사용해 풀어간다. 그 외에 더 놀라운 해법은 없다. (다만 원한다면 중앙 조각을 맞추는 모든 부분을 건너뛰었다가, 맨 마지막에 한꺼번에 다뤄도 된다.)

7.2

5×5×5 큐브 해법 사용

3×3×3 큐브 해법을 사용해도 상관없지만, 5×5×5 큐브 해법을 사용하는 것이 좋다. 아직 중앙 조각들의 움직임이 자유롭기 때문에 이 방식을 사용하면 3×3×3 큐브 해법을 사용할 때보다 한 단계를 줄일 수 있다. 당연히 5×5×5 큐브 해법에서는 5.2~5.4 단계만 필요하다.

7.3

남은 중앙 조각을 맞추기 위한 'S 공식' 사용

5.4항의 방법을 사용하면, 큐브가 다 맞춰질 것이다!

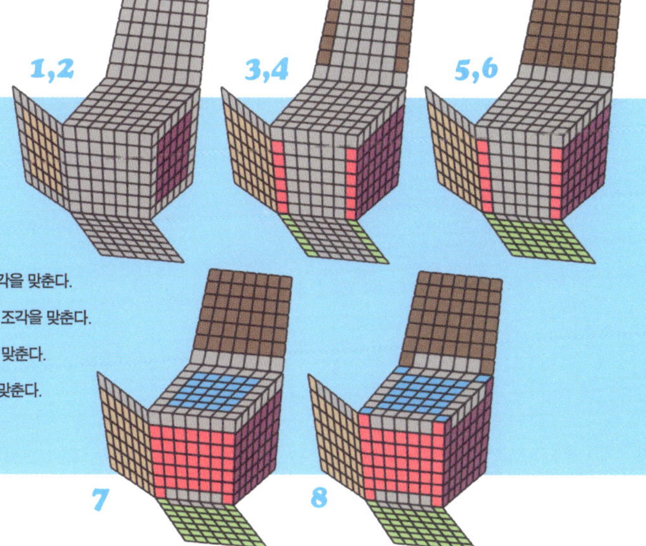

웨이화가 실제로 큰 큐브들을 어떻게 맞추는지 궁금해 하는 독자들도 있을 것이다. 그는 다음 2가지 사항을 고려한 방법을 가장 좋아한다. 첫째, 중앙 조각을 다루는 공식을 반복하는 것은 지루하기 때문에 중앙 조각을 먼저 맞춘다. 둘째, 모서리 조각을 찾아내는 것이 해법에서 가장 느린 부분이라는 점을 고려한다. 여기에 그의 방법을 소개한다.

1. 한 면의 중앙 조각을 맞춘다.
2. 반대 면의 중앙 조각을 맞춘다.
3. '맞춰진' 면 쪽의 모서리 3개와 그 모서리 사이의 귀퉁이 조각 2개를 맞춘다.
4. 반대 면에서 동일한 색의 모서리와 귀퉁이 조각을 맞춘다.
5. 2개의 이웃한 면에서 중앙 조각을 맞춘다.
6. 그 이웃한 2면 사이의 모서리 조각을 맞춘다.
7. 마지막 2개 면의 중앙 조각을 맞춘다.
8. 마지막 4개의 귀퉁이 조각을 맞춘다.
9. 남은 모서리 조각을 맞춘다.

사진 출처

Bandelow, Christoph. *Inside Rubik's Cube and Beyond*. Birkhäuser, Boston, MA, 1982. p. 47

Jack Botermans, p. 14~17, 25, 43~46, 50~57, 60~65

Adam Cowan, p. 63

Ton Dennenbroek, p. 46

Tony Fisher, p. 50

Anthony Greenhill, p. 62

Geert Hellings, p. 46, 54~55, 60~63

Aleh Hladzilin, p. 60

Lilly Library, p. 24, 33

Uwe Meffert, p. 50

Chris Morgan, p. 20~21, 24, 27~30, 34~39, 42~44, 46~47, 50~51, 53~54, 57~59

Larry Nichols, p. 21

Okatomo Katsuhiko, p. 60
Peter Sebesteny, p. 46

Matt Shepit, p. 64
David Singmaster, p. 31~32, 34, 38

Takeji Hidetoshi, p. 61

Frank Tiex, p. 57, 63~65

Seven Towns Ltd., p. 22~23

Lee Tutt, p. 62

Frans de Vreugd, p. 142

Panagiotis Verdes, p. 48

참고문헌

Bandelow, Christoph. *Inside Rubik's Cube and Beyond*. Birkhäuser, Boston, MA, 1982.

Frey, Jr., Alexander and David Singmaster. *Handbook of Cubik Math*. Enslow Publishers, Hillside NJ, 1982.

Rubik, Ernö. Tomás Varga, Gerzson Kéri, György Marx and Tamás Vekerdy. *Rubik's Cubik Compendium*. Oxford University Press, Oxford, 1987.

Singmaster, David. *Notes on Rubik's Magic Cube*. Enslow Publishers, Hillside, NJ, 1981.

옮긴이 **김경호**

서울대학교자연과학대학을 졸업하고 동 대학원 박사과정을 수료했다. 한국큐브연구회장을 역임했으며 현재는 대한큐브협회장으로 있다. 한글 큐브 회전 기호, CFEC 해법 정리 및 ELL, 스피드 큐빙 타이머 등을 개발했으며, 국내 큐브 동호인들 사이에서 가장 널리 사용되는 초보자용 해법 및 초·중급 해법의 체계를 개발하고 정리해 보급했다.

옮긴이 **신승미**

조선대학교 국어국문학과를 졸업한 후 현재 번역 에이전시 엔터스코리아에서 전문번역가로 활동 중이다. 옮긴 책으로는 《자이언트 스텝》, 《디렉터 딜레마》, 《궁정론-세기를 뛰어넘는 위대한 이인자론》, 《크라우드 서핑-인터넷 군중을 이끄는 마케팅》, 《블루존-세계 장수 마을》, 《전사형 CEO 마법사형 CEO》, 《우먼 앤 머니: 여자 경제 독립 선언서》 등이 있다.

큐브
역사와 해법을 꿰뚫는 최고의 해설서

1판 1쇄 펴낸 날 2010년 4월 23일
1판 8쇄 펴낸 날 2023년 11월 30일

지은이 | 제리 슬로컴 외
옮긴이 | 김경호, 신승미

펴낸이 | 박윤태
펴낸곳 | 보누스
등　록 | 2001년 8월 17일 제313-2002-179호
주　소 | 서울시 마포구 동교로12안길 31 보누스 4층
전　화 | 02-333-3114
팩　스 | 02-3143-3254
이메일 | bonus@bonusbook.co.kr

ISBN 978-89-91360-53-2　13690

• 책값은 뒤표지에 있습니다.